시험을 당하거든

원망하지 않고 기뻐하며 시험을 이기는 삶

시험을 당하거든

김길

규장

인트로

part 1

열매와
시험

part 2
시험
매뉴얼

part 3
시험
대응법

내 형제들아
너희가 여러 가지 시험을 당하거든
온전히 기쁘게 여기라
이는 너희 믿음의 시련이
인내를 만들어내는 줄 너희가 앎이라
인내를 온전히 이루라
이는 너희로 온전하고 구비하여
조금도 부족함이 없게 하려 함이라
약 1:2-4

시험의 날에
하나님 의지하기

터닝 포인트

'고통의 총량'이라는 게 정말 있을까? 한도 끝도 없는 고통이 사라지고 언젠가 좋은 날이 온다는 말이 사실일까? 삶에 고통이 찾아올 때마다 J. 로버트 클린턴이 《영적 지도자 만들기》에서 말한 "인생의 시간선"을 생각하게 된다.

고통이 없다면 우리는 인생에 대해 깊이 생각하지 않을 것이다. 아니, 생각할 필요도 없다. 그냥 즐기면서 살면 되니까. 그러나 고통스러우면 삶의 앞뒤를 생각하게 된다.

지난 시간을 돌아보니 삶이 고통스러워질 때마다 첫 번째로 권위를 잃는 일들이 일어났다. 권위는 잘못된 것을 교정할 수 있는 힘이다. 하지만 요즘 세상에 누군가의 잘못을 교정하는 일은 거의 불가능해졌다. 눈에 보이지 않는 권위는 설 자리를 잃었다. 사람들은 누군가로부터 교정받고 싶어 하지 않는다. 자신의 욕심을 위해 권위를 남용해온 한국 사회에서는 더더욱 그렇다. 권위 자체를 나쁜 것으로 여기는 경향이 있다.

좋은 권위를 가진 아버지가 자식의 문제를 교정하는 일도 더 이상 흔하지 않다. 그러나 좋은 권위는 잘못된 것을 올바르게 교정한다. 하나님은 사람에게 권위를 주셔서 그분의 뜻에서 벗어난 상황을 교정하도록 하신다.

하나님께서 누군가를 들어 사용하시면, 어떤 포지션이 없어도 잘못된 상황에서 잘못을 저지르는 사람에게 하나님의 뜻을 전달하여 교정할 수 있다. 하나님께서 그에게 권위를 주셔서 잘못을 교정할 수 있도록 높이신다.

그러나 그런 권위를 사용할 수 없을 때가 있다. 교정할 수 있는 권위가 없어진다. 바로 하나님께서 낮추시는 때이다. 그러면 사람들이 권위를 받아들이지 않고, 상황도 교정할 수 없게 된다. 그 이유는 알 수 없다.

그런 상황이 오면 순종해야 한다. 내가 스스로 높아질 수 없다. 적어도 하나님나라 안에서는 논의 대상도 되지 않는다. 권위를 잃어버리고 낮아질 때 잘 낮아져야 한다. 그것이 삶의 고통을 지나가는 한 방법이다.

요셉은 형들에 의해 이집트에 노예로 팔려갔다. 그는 아버지의 집에서 누렸던 모든 특권을 상실했다. 다윗은 사울 왕이 창을 던지며 죽이려 하자 망명했다. 그는 골리앗을 죽이고 얻은 지지와 사울에게 쓰임 받아 왕국에서 누리던 모든 권위를 상실했다.

이 둘의 인생에서 권위를 잃는 일은 이때만이 아니었다. 두 번째 권위 상실은 훨씬 더 심각하고 고통스러웠다. 요셉은 이집트 귀족 중에서도 높은 사람이었던 보디발의 눈에 들었다. 그의 인정을 받아 높아져서 귀족 집안의 모든 일을 담당하는 사람이 되었다. 하지만 신실하게 일했음에도 요셉은 누명을 쓰고 감옥에 갔다. 하루아침에 더욱 처참한 상실을 경험했다.

아들이 아버지의 말을 듣지 않는다. 심지어 아버지를 죽이려 한다. 무엇보다 이것은 오래 지속되어 온 준비된 공격이다. 다윗의 두 번째 권위 상실이다. 젊은 날에 사울에게 쫓기던 것은 명분이 있었다. 또 사무엘을 비롯한 믿음의 사람들도 그를 지지했다. 그러나 아들 압살롬에게 쫓기는 것은 다윗에게 훨씬 고통스러웠다.

　많은 사람들이 압살롬 편에 서서 그에게 조직적인 공격을 가했다. 위기도 힘겹지만 가장 치욕스런 인생의 순간이 아닐 수 없다. 그래도 다윗은 하나님께 배웠다. 예수님도 그러셨지만 고난의 시간에는 가장 가까운 사람에게 공격을 당하게 되고, 누구에게도 도움을 받을 수 없다.

　삶의 전환점에서 겪는 권위 상실은 고통스럽지만, 이를 통해 반드시 배우는 것이 있다. 사람들이 내 말을 들어주지 않고, 심지어 모함하고 의심할 때 고통만 느낀다면 소중한 기회를 잃어버리는 셈이다. 고통에서 배워야 한다.

　예수님의 삶을 생각해보자. 그분의 삶에서 모함과 의심, 적대적인 태도, 평판을 떨어뜨리고자 하는 박해는 일상이었다. 그러므로 그분을 따르고자 한다면 이런 일들은 전혀 이상하지 않다.

　예수님을 따르면서 모든 사람에게 환영을 받고, 높아지고, 쉽게 상황과 사람을 교정하며, 하는 일마다 성공의 탑을 쌓을 수 있다고 생각하는 것은 잘못이다. 그런 일은 흔하지도 않을 뿐더러, 이를 추구하고 있다면 신앙의 방향에 문제가 있다고 할 수 있다.

예수님을 따르는 길에 그런 일은 아주 드물다. 십자가는 하나님의 뜻을 따라 생명을 버리고 얻는 구원이다. 예수님은 생명을 바쳐서 우리에게 구원을 주셨다. 십자가를 지고 그분을 따른다면 주기적으로 삶에 누명과 모함, 권위 상실이 나타나는 것이 자연스럽다.

권위를 잃고 약해지며 사람들이 무시할 때, 예수님이 다시 나의 가장 소중한 분이 되신다. 그리고 그분을 따르는 삶을 정비하게 된다.

사람은 스스로 알아서 예수님을 따르는 존재가 아니다. 늘 외부의 힘에 의해, 내가 원하지 않은 일 속에서 정비되며 교정되곤 한다. 이런 시기에 나 중심의 삶에서 벗어나 하나님의 뜻에 헌신하며, 다른 사람이 하나님의 뜻을 따라 살도록 돕는 일에 헌신하게 된다.

삶을 가만 놔두면 점점 관계의 망에 얽혀서 사람들이 싫어하는 일을 할 수 없게 되어 점차 그들이 원하는 방향으로 가게 된다. 그때 권위를 상실함으로써 사람들과 같이 있어도 혼자 있는 것 같은 시간을 보내며, 다시 하나님과 그분의 뜻에 헌신하게 된다.

처음에는 내게 단 하나의 권위도 없었다. 그럼에도 사람들을 섬기는 중에 하나님께서 은혜를 주셔서 좋은 일들이 일어났다. 그 과정에서 많은 영적인 원칙을 배우며, 다른 사람에게 적용할 수 있었다. 그러자 사람들이 내 말을 들어주기 시작했다. 훈련의 원칙을 적용하자 그들의 삶에도 똑같은 회복과 성장이 일어났다.

그러면 교회가 부흥되고 잘될 줄 알았다. 그런데 사람들이 시험에 넘어지면서 더 이상 말을 듣지 않았다. 훈련이 의미가 없어진 것이다. 사람이 넘어질 때 훈련이 지켜주지 못했다. 그러자 '훈련을 포기할까' 하는 생각마저 들었다.

이를 통해 나는 훈련으로 사람을 변화시키려는 생각을 포기하고, 그냥 다시 예수님만 따르기로 했다. 그분이 하라고 하신 일을 하기로 했다. 그것이 도시에서 묵상모임과 기도모임을 하는 것으로 나타났다.

사람들이 훈련으로 변화되면 부흥하여 인원과 재정이 많아지고, 장소가 넓어져서 도시를 점령하는 큰일을 할 수 있을 줄 알았는데 그렇게 되지 않았다.

점차 사람들은 훈련이 자신의 삶에 도움이 되지 않는다고 생각했다. 훈련을 말하기가 쑥스러운 상황이 되었다. 청년들도 살 만큼 살고, 알 만큼 알았다. 대놓고 대적하지는 않아도 더 이상 내 말을 듣지 않았다.

그래서 단절된 느낌으로 훈련하던 것에서 사역하는 것으로 교회가 바뀌고 있다. 도시의 한 귀퉁이에서 묵상모임을 소심하게 하고, 기도모임을 조심스럽게 한다. 앞일은 잘 모르겠다. 그때그때 순종하며 나아갈 뿐이다.

하나님만 의지하는 삶

두 번째 터닝 포인트의 특징은 재정에 대한 압박이다. 무언가 새로운 삶이 시작될 때는 항상 재정 압박이 함께 온다. 그동안 재정의 통로였던 것들이 막히고, 상황이 힘들어진다.

나는 간사를 그만두고 나오면서 모든 후원이 일시에 끊기는 것을 경험했다. 한동안 어렵게 지내다가 다시 은혜를 주셔서 강의를 통해 사례를 받기도 하고, 사람들의 후원을 받기도 하면서 재정이 점점 좋아졌다. 지금껏 10여 년 동안 한 번도 재정 상태가 나빠지지 않고 조금씩 더 좋아졌다.

그러나 삶의 터닝 포인트가 오자 이전에 없던 재정의 후퇴가 나타났다. 갑자기 돈이 들어갈 일이 너무 많아졌다. 더욱이 고정 지출이 많아졌다. 그런데 재정의 통로가 막히더니 과거에 비해 절반으로 줄었다.

재정의 압박은 삶을 근본적으로 변화시킨다. 재정이 어렵다가 좋아질 때, 하나님의 역사를 경험한다. 하나님께 감사한다. 그러나 재정이 안정적으로 공급되면 감사하기보다 그 상태를 유지하기 위해 마음과 삶을 사용한다.

솔직히 재정 상태가 불안정해지는 것이 두렵다. 하나님을 향한 믿음이 다시 필요하고, 처음부터 다시 시작해야 하는 것이 싫다. 신입사원 시기가 지나면 과장, 부장을 거쳐 임원이 되고 싶은 것이 사람의 마음이다. 아이들이 내 품을 떠날 때까지 재정이 잘 공급되고, 안정적인 은퇴 이후 생활이 가능했으면 좋겠다. 그러나 자비량의 삶은 그렇지 않다.

재정이 없으면 언제나 신입사원이 된다. 아무리 오랫동안 믿음으로 살았어도 방법이 없다. 무작정 기도하고 기다리며 하나님께서 원하시는 일에 순종해야 한다. 물론 그러면서도 지금껏 은혜 가운데 잘 살아왔다.

남에게 손을 벌리지 않고 여유로운 생활을 할 수 있는 것이 자비량 삶의 토대가 아니다. 항상 신경 써서 하나님께 순종해야 돈을 받을 수 있다.

무엇보다 재정의 상태에 대한 권한이 내게 있지 않다. 돈을 벌고, 쓰고, 모으는 것도 내 권한이 아니다. 그것이 자비량 삶의 토대이다. 돈에 대한 하나님의 결정권을 항상 받아들여야 하며, 이것이 삶의 많은 부분을 결정하는 것 말이다.

지난 몇 년 동안, 재정에 대한 압박이 매우 컸다. 아이들이 고3, 대학생이 되었고, 셋째가 태어났다. 재정의 규모는 예전에 비해 절반으로 줄었지만 언제나 그렇듯이 방법은 없다. 하루하루 은혜를 구하며 살아가는 수밖에.

그런데 매달 큰 규모의 재정이 필요할 때마다 새로운 사람들이 재정을 보내온다. 모두 전혀 알지 못하는 이들이다. 재정을 받기 전에 통화는 하지만, 그 후로도 친밀한 관계가 되지는 않는다. 그들은 하나님의 뜻을 따라 재정을 보내주고, 나는 하나님과 그들에게 감사하면서 하루하루를 살아간다.

그렇게 자비량으로 사는 삶, 하나님만을 의지하는 삶이 더욱 단단해졌다. 초조함과 두려움으로 재정에 대해 기도하던 모습이 많이 달라졌다.

'어떻게든 살게 될 것이고, 하나님께서 역사하실 것이니 내일에 대한 대책이 없는 것을 두려워하지 말자. 두려움과 초조함보다는 하나님을 의지하고 기대하며 기다리자.'

보통 강의를 하고 사례를 받는 것으로 재정을 충당하는데, 어느 달은 강의가 세 번이나 있었다. 하나님께서 많은 재정을

17

보내주셨다. 내가 강의를 잘해서가 아니라, 하나님께서 하게 하시고 재정도 채워주신다는 것을 알게 되니 나를 안 불러줄까 봐 걱정하는 마음이 사라졌다.

어떻게든 살게 될 것이기에 애써서 강의를 잘할 필요가 없음을 깨달았다. 그것으로 먹고사는 것이 아님을 알게 되니 동기가 새로워지고 자연스러워진다. 나는 강의 잘하는 사람이 아니라, 하나님의 뜻을 느끼고 그것을 진실하게 전달하는 사람이 되려 한다.

교회가 성장한다고 해서 내가 월급을 받는 것도 아니다. 나도 남들처럼 안정적인 사례를 받을 수 있다면 얼마나 좋을까. 강의를 갈 때마다 후원을 요청하는 것도, 혹시라도 후원해주던 분의 상황이 어려워지면 나 때문인가 싶어서 시달리는 것도 그만하고 싶다.

광주의 후배들이 강의를 오라고 했다. 당연히 가겠다고 했다. 지난번에 갔을 때 사람들을 모아서 뭔가 해보려는 것을 지적하면서 "순전하게 복음을 전해야 한다"라고 가르친 일도 있으니 더욱 가야 했다. 그런데 3월이라서인지 특히 재정이 힘들었다.

'오가는 경비도 필요하고, 후배들이 밥이라도 먹도록 헌금도 해야 할 텐데….'

마침 교회에서 목회 지원비를 매월 30만 원씩 주겠다고 했다. 그런데 전도사님이 이사를 한다고 해서 양보했다. 그가 기존의 사례보다 30만 원을 더 받을 수 있도록 했다.

그러다 보니 심방을 가거나 묵상모임에서 사용할 재정을 내가 준비해야 한다. 일단 집에 있는 돈을 쓰고, 나중에 하나님께서 주시는 방식으로 살고 있다. 물론 그분은 늘 풍성하게 채워주신다. 미리 재정이 확보되어서 자유롭게 섬길 수 있으면 얼마나 좋을까. 내가 타락한 것일까?

다시 하나님만 의지하며 기다리고, 재정이 허락하는 만큼만 일을 진행하고, 사람들에게 더 겸손히 의존하는 삶이 되었다. 내게 이런 마음이 있었다.

'재정만 해결된다면 결코 엮이는 관계를 만들지 않으리라. 아주 독립적으로 살리라. 아쉬움 없이….'

그 근저에는 하나님을 의지하지 않고 살고 싶다는 마음이 있는 것 같다. 내 삶에는 재정이 부족해서 하나님을 의지해야만 하고, 어려워도 사람들을 섬겨야 하고, 늘 기도하며 아슬아슬하게 기적을 경험하는 일들이 계속된다.

사람들은 떵떵거리는 목사를 싫어한다. 하나님께서도 그런 목사를 싫어하신다. 나는 자비량으로 사는 한 평생 그렇게 살지 못할 것이다. 늘 부족해서 도움이 필요한 삶을 받아들여야 한다. 그러나 하나님을 의지하는 한 점점 재정에 대한 두려움이 사라지고, 그것이 갖는 힘으로 얽이는 일도 막을 수 있을 것이다.

교회가 재정을 어떻게 해결해야 하는지 우리 모두가 배우고 있다. 명신교회는 재정이 넉넉한 사람이 헌금하여 사역하는 것이 것이 아니라, 하나님의 역사를 경험하며, 그분이 일하시는 것을 배우는 교회로 성장하고 있다. 아마도 돈은 그 힘을 주지 못할 것이다. 꼭 그렇게 되어야 한다. 그래서 자비량으로 사는 법을 배우는 것인지도 모른다.

늘 돈이 필요하지만 결정적일 때는 돈이 아니라 하나님을 의지하는 법을 배우고 익혀야 한다. 그래야 돈의 힘, 돈 있는 사람의 힘을 거절할 수 있다. 돈이 우리를 조종하게 만들어서는 안 된다. 하나님께서 우리를 다스리시게 해야 한다.

삶에 변화가 일어나는 터닝 포인트의 시간에는 그런 것을 다시 배운다. 안 배워도 잘하거나, 한 번 배워서 잘하면 좋은데 그것이 안 된다.

순종으로 반응하다

마지막 터닝 포인트의 특징은 지리적 이동이다. 이것은 단순히 사는 곳이 바뀌는 것을 넘어서 삶을 둘러싸고 있는 환경의 변화까지를 말한다. 자신이 살고 있는 환경을 완벽하게 통제할 수 있는 사람은 없다.

태어날 때부터 부모를 정할 수 없는 것이 인간이다. 어쩌면 평생 자신이 통제하고 결정한 환경이 아니라 주어진 환경에서 사는지도 모른다. 그러다 보니 당연히 환경에 맞춰 자신이 할 수 있는 가장 최적화된 반응을 한다. 그런데 환경에 맞추는 반응이기에 그 반응이 인생에 어떤 영향을 미칠지는 알지 못한다.

아내의 가족들이 아내와 내가 교제하는 것을 심하게 반대해서 광주에서 서울로 올라오게 되었다. 전혀 예상치 못한 일이었다. 지방에 살면서 서울을 동경하기는 했다. 그러나 아무 연고도 없고, 일이 있는 것도 아니어서 서울에서 살아야겠다고 생각한 적은 없었다.

우선 재정적으로 불가능했고, 굳이 서울에서 살아야 한다는 동기부여가 될 만한 이유도 없었다. 더군다나 그때는 선교단체의 광주대학부 간사로 섬기는 것이 중요했다.

하지만 아내의 가족들이 아내와 나를 때리고, 광주지부까지 찾아와서 내게 욕하고, 내 어머니에게 함부로 말하는 것을 보고 결국 광주를 떠났다. 아내가 먼저 서울로 오고, 곧 나도 올라왔다. 그렇게 시작된 서울살이가 23년째다.

간사생활을 마치고는 주로 수원과 그 근처에서 살았다. 친척들은 거의 인천 지역에 자리를 잡았다. 수원은 수도권 도시 중에서 광주와 가장 비슷한 느낌을 주었다. 우리는 아무 연고도 없는 수원에서 아이들이 10대가 될 때까지 살았다. 그러다 최근에 안양으로 이사했다.

같은 수도권이지만 환경이 많이 달랐다. 수원은 독립된 도시로서 하나의 완결된 시스템을 갖고 있다. 농업이 있고, 주거지가 있으며, 도심이 있다. 교육체계가 완결되어 있고, 토박이가 아직도 살고 있는 도시이다. 심지어 성곽도 존재한다.

반면에 안양은 서울의 구로와 금천 그리고 군포의 산업단지와 연결된다. 그래서 산업단지 느낌이 강하다. 지금 나는 서울 서부의 산업단지 느낌이 나는 곳에서 살며, 사역도 독산동 산업단지에서 한다.

이전에는 아늑한 느낌이 드는 수원에 살면서 서울 도심에서 사역을 하는, 삶과 사역이 분리된 구조였다면 지금은 사는 곳과 사역하는 곳이 밀접하게 연결된다. 나는 이런 환경에 민감하게 반응하며 살 것이다. 점점 도시의 중심부 사역으로 이동하는 것이 아닌가 싶다.

하나님의 보호를 받으며 아이를 기르고 가정을 돌보던 시즌에서 도심에서 사역하는 삶으로 변화가 일어날 것 같다는 생각이 든다.

이제 도시는 관찰의 대상이 아니라, 내 삶과 사역의 현장이다. 나는 도심이라는 환경 안에서 사역이라는 반응을 하게 될 것이다. 이런 삶을 하나님께서 어떻게 사용하실지, 이것이 내 인생에 어떤 영향을 끼칠지는 아직 잘 모르겠다. 그냥 순종할 뿐이다.

김길

part 1

열매와
시험

내 욕심대로 마음을 쓰고 행동하고 싶은
유혹을 이겨내고, 말씀이 주시는 마음을
지켜라. 그래야 열매를 맺는다.

열매1

열매 맺는 정이

"자매랑 헤어지기로 했어요."

전화기 너머로 들려오는 목소리는 애써 아무 일이 아닌 듯 담담하려 하지만 상처를 많이 받은 듯 세밀하고 비관적인 톤이다. 삶에 대해 비관적으로 말하는 정이의 가라앉은 목소리를 듣고 있는 나도 비관적이다.

그는 부르심에 헌신하지 않아서 이런 일이 생긴 것 같다며 선교단체에 헌신하겠다고 한다. 나 참, 꼭 이럴 때 부르심 찾더라….

언젠가 올 것이 왔다는 생각이 들었다. 나는 내심 불안했다. 임용고시를 준비하는 자매나 공무원 시험을 준비하는 정이나 희망 없기는 매한가지였다. 둘 다 이미 한 번씩 낙방을 경험한 쓸쓸한 청춘이었다.

그런데 놀랍게도 자매가 임용고시에 합격해 선생님이 되었다. 정이는 관계에 예민해졌고, 훈련을 해야 한다는 핑계로 자매의 삶을 간섭하기 시작했다. 그 마음 근저에는 그녀가 자신을 무시하지 않을까 하는 두려움이 있었다.

이미 둘의 관계가 끝난 것 같았지만 나는 정이를 만나서 '사랑이란 무엇인가'에 대해 몇 시간에 걸쳐 말했다. 문제의 원론적인 부분부터 현실적인 결론으로 말을 이어갔지만 교제가 끝난 상태에서 말하는 것은 지치고 힘들었다. 다행히 정이는 정신줄을 놓지 않고 있었다. 내가 말했다.

"자매가 시험에 합격한 후에 너를 무시하고 가볍게 대할까 봐 감시하듯 살피고서 그것을 훈련이라고 하는 것은 사랑이 아니라 의심이다."

정이는 내 말을 잘 알아들었다. 그래서 자매에게 진심으로 사과했으나 그가 기대했던 관계의 반전은 일어나지 않았다. 쓸쓸한 헤어짐이었지만 다행히 아쉬움은 많이 정리된 것 같았다.

나는 정이에게 다시 시험 준비를 하라고 격려했다. 그러면서 한편으로 그에게 미안했다.

'합격한다는 보장이 없는 공무원 시험에 청춘을 바치다니…'

신림동 고시원의 삶은 힘들다. 우리는 가끔 신림동에서 만나 밥도 먹고 차도 마시며 어느 때보다 하나님 안에서 친밀한 시간을 보냈다. 그의 부모님은 그가 잘될 것이라는 막연한 기대를 했다. 그래서 형님에게 서울의 집을 주고 홍천으로 내려가셨다. 형님이 고생을 많이 했는데 재산이 전혀 없다면서…. 아무리 가족이어도 정말 하기 힘든 일이다. 정이는 그런 부모의 유일한 아들이고, 희망이었다.

다시 정이의 삶은 훈련으로 집중되었다. 그는 성실하게 시험을 준비해서 7급 공무원 기술직에 합격했다. 항상 은혜는 놀랍다. 나는 다시 생각한다. 그의 부모의 의로움에 대해서…. 경외하는 사람의 자녀는 결국 잘된다.

정이는 새로운 교제를 시작했다. 그때 우리가 한참 동안 나눈 주제가 '열매'였다. 무엇을 하든 열매의 방식으로 해야 한다고. 교제하는 자매가 친구들과 일본 여행을 가게 되어 공항까지 운전을 해주고 섬기면서 그는 열매를 묵상했다고 한다.

그러면서 섬김을 열매로 해야 하는데 그러지 못해 마음이 어려웠다고 했다. 자매가 고맙다며 재정을 플로잉해줘서 더 마음이 힘들었다고. 좋은 마음으로 섬기지 못한 것을 자책하고 있는데, 재정까지 받고 보니 마음이 복잡해진 것이다.

그래도 정이는 계속 훈련했다. 아르바이트를 하면서 많은 일을 겪었다. 처음에 시작한 텔레마케팅 아르바이트는 적성에 맞지 않아서 그만두고, 학원에서 수학문제를 만드는 일을 했다. 그 일이 좀 더 적성에 맞았으나 다른 문제가 또 생겼다.

그는 나이 든 원장님과 젊은 직원들 사이에서 힘들다고 말했다. 원장님이 아침에 빵을 사와서 자기에게만 준다고 했다. 문제는 쓰레기였다. 회사에 쓰레기가 넘치는 것에 부담을 느낀 정이가 청소를 했다. 여기까지는 괜찮았다. 그런데 원장님이 그와 같이 쓰레기를 치우면서 직원들과 관계에 문제가 생기기 시작했다.

나는 현장을 보지 못하고 말만 들었지만 그 긴장이 충분히 느껴졌다. 평소에 정리되지 않은 쓰레기는 모두의 부담이었을 것이다. 아마도 무언의 메시지와 수많은 마음이 쓰레기를 중심으로 관계에 소용돌이쳤을 것이다.

물론 아무도 말하지 않았다. 그러나 잔소리를 하는 원장님과 듣기 싫어하는 젊은 직원들 사이의 긴장이 쓰레기를 매개로 폭발했다. 정이가 원장님과 쓰레기통을 정리하는 와중에 한 젊은 직원이 쓰레기를 버리고 간 것이다.

정이는 그런 행동을 보고 자기는 열매로 하려고 했는데 왜 이런 일이 생기는지, 열매가 아니라 자기의 욕심, 자기 의로 한 것인지 혼란스럽다고 했다. 쓰레기를 버리고 간 젊은 직원이 주는 거절감에 상처받은 것 같았다.

스타벅스에서 묵상모임을 하다가 정이가 다니는 회사 관계의 흐름을 파악하고 정리하며 열매를 분석하는 시간을 가졌다. 먼저 쓰레기를 치우는 마음은 확실히 열매이다.

정이는 착하지만 다른 사람의 시선과 관계로 인한 미묘함이 폭발할 것 같은 두려움을 이겨내고, 청결하지 않은 마음으로 다가오는 리더의 친절함을 받으면서까지 굳이 선한 일을 할 스타일은 아니었다.

그것은 성령의 인도하심, 하나님의 뜻이다. 정이는 자신의 작은 욕심들을 이겨내고, 성령의 뜻에 순종한 것이다. 평소에 들었던 쓰레기에 대한 부담은 그의 마음이기도 했지만 아마도 성령께서 주시는 선한 부담이었을 것이다.

평소 같으면 다른 사람을 의식하고 분위기를 파악해서 자신의 편함을 따라 행동했을 것이다. 그러나 그날은 자신의 편함보다 불편을 이겨내고 순종하여 쓰레기를 치웠다.

내 뜻이 아니라 하나님의 뜻에 순종하는 것은, 열매의 가장 우선적이고 중요한 부분이다. 문제는 열매로 했으면 모두가 하나님의 뜻을 경험하고 행복해야 하는데 상당히 적대적인 분위기가 생겼다는 점이다.

그러므로 열매로 사역해도 이런 분위기가 생길 수 있음을 알고 조심해야 한다. 모두가 좋아하며 행복하게 하나님의 뜻이 공동체 안에 실현되지 않는다. 예수께서 하나님의 뜻을 따라 행하실 때도 바리새인, 서기관, 대제사장의 공격에 노출되셨다.

정이에게 말하지는 않았지만 '원장님이 같이 치울 수 없는 시간이나 상황에 재빠르게 치웠다면 어땠을까?' 하는 생각이 들었다.

열매는
무엇일까

예수님은 네 가지 밭의 비유를 말씀하셨다. 그리고 밭에 뿌려진 씨가 의미하는 바는 '하나님의 말씀'이라고 설명해주셨다. "이 비유는 이러하니라 씨는 하나님의 말씀이요"(눅 8:11).

예수님은 밭이 의미하는 바도 설명해주셨다. 12절에서 길가 밭은 "마귀가 말씀을 그 마음에서 빼앗는 것"이라고 하셨고, 15절에서 좋은 땅은 "착하고 좋은 마음"이라고 하셨다.

> 좋은 땅에 있다는 것은
> 착하고 좋은 마음으로 말씀을 듣고 지키어
> 인내로 결실하는 bear fruit 자니라
>
> 눅 8:15

씨를 땅에 심으면 열매를 거둔다. 예수님은 자연의 원칙으로 영적인 내용을 설명하셨다. 하나님의 말씀을 마음에 심으면 열매를 거둔다고. 그런데 열매가 정확하게 무엇인지 설명해주지 않으셨다.

안산에 있는 좋은교회 청년부 동계수련회에서 말씀을 전했다. 내가 "열매가 무엇일까요?"라고 질문했더니 평범하게 생긴 청년이 비범한 대답을 했다.

"하나님의 말씀이 마음을 변화시켜서 나오는 내용들이 아닐까요?"

정확한 답변이라는 생각이 들었다. 주어진 근거, 예수님의 설명으로 유추해보면 열매는 하나님의 말씀에 결정적인 영향을 받는다. 씨앗이 자라 열매가 되기 때문이다. 오이씨를 심으면 오이 열매를 거두게 되는 것처럼. 그러므로 열매는 하나님의 말씀이 현실에서 실현된 것일 가능성이 높다.

또한 예수님의 설명대로 열매는 하나님의 말씀이 우리 마음 안에서 역사하셔서 나오는 마음의 내용과 말과 행동과 깊은 관계가 있다. 하나님의 뜻이 우리의 마음과 말, 행동을 통해 실현된 것, 그래서 주변 사람들이 하나님의 뜻에 순종하는 사람의 행실을 통해 그 뜻을 경험하는 것이다.

아내들아 이와 같이 자기 남편에게 순종하라

이는 혹 말씀을 순종하지 않는 자라도

말로 말미암지 않고 그 아내의 행실로 말미암아

구원을 받게 하려 함이니

너희의 두려워하며 정결한 행실을 봄이라

너희의 단장은 머리를 꾸미고 금을 차고

아름다운 옷을 입는 외모로 하지 말고

오직 마음에 숨은 사람을 온유하고

안정한 심령의 썩지 아니할 것으로 하라

이는 하나님 앞에 값진 것이니라 God's sight is very precious

벧전 3:1–4

남편이 구원을 받도록 순종하는 아내의 행실, 그것은 하나님의 뜻에 순종한 온유하고 안정된 마음의 내용들이다. 심령의 열매, 잠깐 왔다가 없어질 외모가 아닌 썩지 않는 마음의 내용들, 열매들이다.

그것이야말로 하나님 앞에서 값진 것이다. 남편에게 외모를 경험하게 하는 것이 아니라 하나님의 뜻을 경험하게 하는 것, 그분의 뜻에 순종한 마음의 내용에서 나오는 행실을 경험하게 하는 열매가 값지다.

누가 무엇을
어떻게 바꾸었나

예수님은 성전에 들어가서서 전에 없는 모습을 보이셨다. 성경에 나타난 그분의 모습 중에 가장 격렬하다. 타협이 없고, 직설적으로 말씀하며 행동하신다.

그들이 예루살렘에 들어가니라

예수께서 성전에 들어가사

성전 안에서 매매하는 자들을 내쫓으시며

돈 바꾸는 자들의 상과 비둘기 파는 자들의

의자를 둘러 엎으시며

아무나 물건을 가지고

성전 안으로 지나다님을 허락하지 아니하시고

막 11:15,16

예수님은 성전에서 매매하는 자들을 보시고 화를 내시며 권위를 사용하셨다. 아마도 당시 사람들은 매우 당혹스러웠을 것이다. 그들은 예수님의 분노를 이해하지 못했다. 그래서 자신들의 일상을 방해하는 모습을 보며 복수를 꿈꾸었는지도 모른다.

예수님이 화를 내신 이유는 그들이 아주 일상적인 내용으로 하나님의 성전을 자신들의 것으로 바꾸었기 때문이다. 물론 그들은 예수님의 말씀을 들어도 자신들이 무엇을 어떻게 바꾸었는지 알지 못했을 것이다.

그들의 단단한 일상의 무감각만큼이나 예수님에게는 격렬하게 화가 나는 아주 중요하고 시급한 문제였다. 사람들이 자신의 뜻에 충실한 만큼 예수님은 하나님의 뜻에 충실하셨다. 하나님께서 중요하게 여기시며 화를 내시는 문제에 예수님도 화를 내셨다.

이에 가르쳐 이르시되
기록된 바
내 집은 만민이 기도하는 집이라
칭함을 받으리라고 하지 아니하였느냐
너희는 강도의 소굴을 만들었도다 하시매

막 11:17

하나님께서 '만민이 기도하는 집'a house of prayer for all the nations,
'만민을 위해 기도하는 집'이라고 말씀하신 성전을 사람들은
강도의 소굴로 바꾸었다. 이것은 예수님의 말씀이다. 사람들
은 자신들이 그렇게 바꾼 것을 인정하지 않았다. 문제를 잘
모르고 있다면 더욱 갑갑하고 고치기 어렵다.

성전 어디에도, 그들의 마음 어디에도, 성전에서 행하는 그
들의 행실 어디에도 그들이 무엇을 어떻게 바꾸었고, 하나님께
서 얼마나 화가 나 계신지 알고 있다는 표시가 없다. 여전히
그들은 일상을 따라 성전을 찾고, 익숙한 대로 매매하며, 제
사를 드렸다.

백성들은 간단함과 편리함을 추구하여 제사드릴 짐승을 미
리 준비해오기보다 돈을 지불하여 사서 드리는 편을 택했다.
제사장들도 하나님의 뜻보다 그들의 권위 사용에 유리한 대
로 성전에서 사역했다. 그 사이에서 어떤 사람들은 성전에서
돈을 벌고, 권위를 사용하여 사람들의 마음을 얻고, 자신의
문제를 해결했다.

그렇게 성전의 본질이 바뀌었다. 성전의 주인이신 하나님은
성전을 '기도하는 집'으로 정하셨는데 사람들은 강도의 소굴
로 바꾸었다. 성전은 여전히 존재하고 제사도 드려졌지만 하
나님의 뜻이 아니라 사람들의 뜻이 우선했다.

그것은 하나님 앞에서 값진 열매가 아니다. 사람들은 성전

에 와서 하나님의 뜻과 기도를 경험한 것이 아니라 강도의 소굴을 경험했다. 전혀 모르고 무감각한 채로….

　성도들의 말에 의하면 명신교회는 약 7개월마다 장소를 옮겨 다닌다고 한다. 그래도 다행히 옮겨 가는 장소가 이전 장소보다 좋았다. 강북에 있는 수련장을 사용할 때는 경기도 남쪽에서 오느라 시간이 오래 걸리는 것 말고는 가장 좋았다.

　사람들은 이제껏 사용한 장소 중에 가장 교회 같은 모습이라고 했다. 그동안 주로 길, 카페, 공장, 세미나실, 공연장을 빌려 모였기 때문이다. 그 수양관은 전원에 있는 정말 아름다운 예배당이었다. 무엇보다 아이들이 자유롭게 뛰어놀며 행복해해서 목회자로서 다행스러웠다.

　수양관 중에서도 조금 넓은 장소를 빌려 안정적으로 예배드리며 교회가 성장하면 좋겠다는 생각마저 들었다. 하지만 얼마 지나지 않아 다시 산업단지로 예배 장소를 옮겼다. 대체로 성도들이 이해해주었지만, 2주간 도심에서 예배드리며 피곤했던 것 같다.

　우리는 세 팀으로 나뉘어서 명동, 신촌, 구로디지털단지에서 예배를 드렸다. 2주가 지나고 다시 모였을 때, 아무도 말하지 않았지만 무겁고 적대적인 분위기가 느껴졌다.

　'왜 우리를 이렇게 고생시키는 거죠?'

나는 미안했다. 주일 저녁에 구역장 모임을 하면서 용서를 구했다. 한 집사님이 불만을 토로했다.

"주일 예배를 아이를 데리고 도시에서 드리니 아이가 움직이는 대로 따라다녀야 했어요. 그러다 보니 예배 시간에 마트에 들어가 있는 거예요. 순간, '왜 이렇게 정처가 없을까' 하는 생각이 들었어요."

나는 그들의 고통에 정말 미안한 생각이 들었다. 그러나 진실한 마음으로 말했다.

"명신교회는 예수님을 주인으로 모신 교회입니다. 주인이신 그분이 도시에서 예배드리고 사역하는 교회가 되라고 하셨기에 지금까지 그 명령을 지키며 사역을 해왔습니다."

내가 용서를 구함으로 분위기가 비교적 따뜻해졌고, 모두가 다시 교회의 부르심을 확인할 수 있었다. 정말 착한 성도들이다. 자신의 뜻과 상관없이 교회를 알고 순종한다.

명신교회는 도시에서 사역하는 교회다. 따라서 교회를 바꾸려면 도시에서 사역하지 않으면 된다. 그러면 무엇을 할 수 있는가? 안락한 장소에서 은혜로운 예배를 드리며 사람들이 모여서 좋은 분위기를 느낄 수 있다.

교회의 부르심을 바꾸는 것은 어마어마한 잘못이 아니라 아주 소박하고 작은 바람이다. 안락하고 안정감 있는 장소에서 드리는 위로 넘치는 예배도 물론 좋지만 그것은 명신교회가 부르심 받은 우선적인 내용이 아니다.

교회는 다시 협소한 장소를 빌려서 주일에 두 번 예배를 드렸다. 나는 내 설교도 교회의 부르심에 방해가 될 수 있다는 생각이 들었다. 성도들이 목사의 설교 듣는 것을 우선시한다면, 어느 순간 스스로 예수님을 따르는 제자의 삶을 망각하고 설교를 들으러 교회에 올 수 있기 때문이다.

각자가 제자로서 예수님을 따르고, 열매로 사역하는 교회가 되어야 한다. 그래서 오전예배는 내가 설교하지만 오후예배는 전도사님들이 설교하도록 했다. 목사의 설교를 의지하게 만들어서는 안 된다. 이제 그런 시간은 지나갔다.

명신교회는 규모가 크지 않더라도 계속 사역을 해야 하고, 사역의 가능성을 도시에서 실험해야 한다. 나도 설교하는 만족함을 내려놓아야 한다. 아무리 내가 부르심에 맞는 설교를 한다 해도 사람들이 자신이 원하는 설교와 예배를 찾는다면 나는 설교자로서, 예배를 섬기는 사람으로서 명신교회에서는 자격미달이다.

성도들이 스스로 예수님의 제자로 살아가도록, 삶의 우선순위가 자신의 안락한 교회생활이 아니라 도시에서 예수님을 증거하는 것이 되도록 섬겨야 한다. 사실 나는 수양관에서 예배드리는 게 무척 힘들었다. 넓은 장소에서 얼마나 힘들었는지 모른다.

'왜 일찍 안 가르쳐주시고 이제야 알게 하실까? 혹시 하나님께서 엄청 화가 나셨지만 참고 부드럽게 이끄신 건 아닐까?'

내 마음에 확실히 정리된 것이 있다. 하나님께서는 교회를 개척하는 내내, 아주 오랜 시간 동안 장소를 향한 마음이나 예배를 향한 소박한 바람이 본질을 바꿀 수 있음을 가르쳐오셨다는 것이다.

예배의 내용, 분위기, 장소는 교회의 본질적인 부르심과 깊은 관계가 있다. 좋은 것만 찾으면 안 되고, 정확하게 예수님의 뜻을 따라 순종해야 한다.

다시는 좋은 예배 분위기를 만들겠다는 바람, 넓은 장소로 가서 부흥하리라는 생각을 갖지 않으리라. 나는 사람들이 명신교회에 오면 안락한 장소와 자기 마음에 흡족하고 은혜로운 예배를 추구하는 대신에 자기 욕심에 맞지 않더라도 자기를 변화시키는, 조금은 불편한 하나님의 뜻을 경험해야 한다고 믿는다.

그런데 이게 정말 맞을까? 성도들이 "우리 교회는 큰 교회는 되지 않을 것 같다"라고 말한다. 작은 특공대 같은 교회가 될 것 같단다. 잘 모르겠다. 하지만 내가 할 일은 교회를 키우는 것이 아니라 예수님의 명령을 충실하게 지키는 것이다. 내 교회가 아니니 교회의 성장은 내가 알 바 아니다. 내 권한이 아니다. 나는 주인이 시키는 대로 하는 종일 뿐이니까.

신림동
기도

어느 날 갑자기 사역이 일어나서 자연스럽게 도시에서 기도하게 되었다. 명신교회를 개척할 때 명동에서 기도하면서 시작했고, 도시에서 꾸준히 기도를 해왔다. 그러나 모든 성도들이 거부감 없이 도시에 나와서 기도하게 된 것은 아무리 생각해도 신기하다.

늘 자신의 삶과 교회 안의 문제로 도시를 바라볼 여력이 없던 것을 생각하면 갑작스럽기도 하다. 여전히 소수가 모여 도시 한 귀퉁이에서 꼼지락대고 있는데, 큰 뜻을 품고 나라를 위해 기도하게 되다니…. 아무리 생각해도 사람이 시작할 수 있는 일은 아닌 것 같다.

내 문제를 위한 기도가 아니라 나라를 위한 기도를 하는데도 즐거울 수 있다면 상당한 수준의 사역이다. 그런데 성도들이 즐겁게 그 일을 하고 있다.

여의도에서 기도할 때 특별히 좋았다. 보통 저녁 7시가 넘어서 기도모임을 하는데, 준비하는 사람들은 4시 전에 모인다. 저녁에 기도할 내용과 순서를 미리 점검하고 회의하며 기도하는 시간을 갖는다.

대한민국에 특별히 필요한 것은 '신뢰'이다. 명신明信교회라는 이름도 명동에서 7개월간 기도하면서 하나님의 신실하심이 이 나라에 가득하기를 소원하며 지었다. 우리는 국회도서관에서 불신이 많은 사회를 분석한 자료를 찾아서 같이 읽고, 기도의 내용과 방법을 논의했다. 한국 사회에 대해 잘 정리된 논문들이 도움이 되었다.

기도는 여의도공원에서 하기로 했다. 그곳은 백만 명의 크리스천이 모여서 집회를 했던 역사적인 장소다. 지금은 자전거 동호회가 몸을 푸는 곳이 되었지만….

선선한 가을날 저녁에 농구장 불빛을 등지고 사람들이 모였다. 기도가 정말로 신선했다. 나라를 위해 기도한다는 뿌듯함과 하늘에서 부어지는 기쁨, 기도 자체가 주는 영적인 충만함이 내 삶에 갇혀있는 영혼을 신선하고 자유롭게 하는 듯했다. 그것을 모두가 느꼈다.

'아, 참 좋구나!'

사람들은 많이 모여서 서로 식사도 섬기고, 차도 마시면서 행복해했다. 기도한 사람들은 정당 간에 협상이 진행되는 것이 기도 때문인 것 같다고도 했다. 그 좋은 분위기에 찬물을 끼얹듯이 내가 다음에는 수원에서 기도하면 좋겠다는 제안을 불쑥 꺼냈다. 모두가 이해할 수 없다는 표정이었다.

갑자기 수원으로 이동하면 서울에서 직장에 다니는 사람들이 참석하기 어렵다. 무엇보다 기도 장소를 옮기면 다시 적응해야 한다. 그곳에서 기도하는 것이 여의도에서 기도하는 것만큼 은혜가 있을지도 장담할 수 없다. 서서히 참석자들의 마음이 가라앉는 것이 느껴졌다.

기도모임을 앞두고 전도사님이 말했다.

"교회 구역장들이 모인 단체 대화방에 수원에서 기도모임을 한다고 공지했더니 딱 한 사람이 오겠다고 댓글을 달았어요. 평상시 같으면 댓글이 많이 붙고 분위기가 형성되는데…."

나는 카카오톡을 사용하지 않아서 단체 대화방에 들어갈 수 없지만 어떤 분위기인지 충분히 짐작할 수 있었다.

수원에서 기도를 하기 위해 아주대 앞 맥도날드에서 준비모임을 했다. 다들 복잡한 표정이었다. 한 집사님이 말했다.

"목사님은 우리가 모여서 부흥되고 분위기가 좋은 것을 싫어하시나 봐요."

나는 싫어하지 않는다고 웃으며 말했다. 그의 말투가 따뜻해서 나를 향한 공격인 것 같지 않았고, 의심도 아니라고 느꼈다. 그래서 방어할 필요가 없었지만 설명은 해야 할 것 같다. 전도사님도 물었다.

"여의도에서 기도하면서 좋았고, 열매도 있었던 것 같은데 왜 수원으로 와서 기도해야 하는지 궁금합니다."

내 대답은 궁색했다.

"지금 우리는 기도와 기도자로서의 태도에 대해 배우고 있다고 생각합니다. 기도 후에 무언가 잘했다는 뿌듯함을 느끼는 것이 반드시 열매는 아니라고 생각해요. 저는 우리의 기도가 선교지에서 선교사님이 입을 열 수 없을 정도로 눌리면서도 하나님의 뜻을 따라 몇 마디라도 외치는 것 같은 기도가 되었으면 합니다."

사람들은 한편으로 내 말을 이해하는 듯하면서도 여전히 어려워했다.

'모여서 은혜롭고 좋았는데 왜 굳이 눌려가며 기도해야 한단 말인가?'

사실 나도 확신이 있어서 그렇게 말한 것은 아니었다. 그저 하나님의 뜻에 순종하고 싶었는데, 사람들이 원하는 분위기와 안 맞았다. 나도 나 자신을 신뢰하기 어려웠다.

'내가 미친 것은 아닐까? 이러다 사람들의 마음이 식으면 어떻게 하지? 모르겠다. 될 대로 되겠지. 내가 이상한 것이라면

망하겠지.'

그다음 주에는 분위기가 더 좋지 않았다. 내가 신뢰 사회를 위해 학벌문제가 새로워질 필요가 있으니 서울대에 가서 기도하자고 제안했기 때문이다.

먼저 두 명의 전도사님과 서울대에 가서 교제하고 학생식당에서 밥을 먹으면서 어떻게 기도할지 생각해보았다. 그 결과 그곳에서는 도저히 기도모임을 할 수 없을 것 같았다. 학생들과 섞여서 자연스럽게 행동하는 것이 불가능했다. 모두들 우리를 이상하게 쳐다보았다.

학생식당에서 식권을 사려고 줄을 섰는데 외부인은 자판기에서 따로 사라고 했다. 가격이 달랐다. 우리는 딱 봐도 학생이 아니라 나이 든 아저씨였다. 교수도 아니고 교직원도 아닌.

넓디넓은 캠퍼스에서 기도하던 때가 그리웠지만, 결국 포기할 수밖에 없었다. 서울대에서 기도하는 대신 신림동에서 기도하자고 말했다. 사람들이 더욱 난감해했다. 일찍 한파가 몰려와 몹시 추운 날이었다.

신림동 사거리에는 스타벅스가 여러 개 있다. 보통 매장의 2층 넓은 곳에서 묵상모임을 하는데, 그날따라 모든 스타벅스에 빈자리가 없었다. 날씨는 춥고, 어떻게 기도해야 할지 감은 안 오고, 사람들은 위축되었다. 겨우 조그만 카페에 자리를 잡았다. 나는 더욱 분명하게 말했다.

"날씨가 춥지만 카페에서 조용히 기도하는 것보다 밖에 나가서 기도하면 좋겠습니다. 모텔이나 유흥시설이 밀집된 곳에 가서 기도합시다."

그날 나는 준비모임만 하고 기도시간에는 다른 곳에 강의를 가야 했다. 지금껏 웬만하면 나를 희생하며 교회를 개척해왔다. 사람들이 내가 어떻게 움직이는지 보기 때문이다. 조금만 신뢰에 금이 가도 교회가 마비된다. 개척교회는 그렇다. 단 5분도 자리를 비울 수가 없다. 가만히 있어도 분위기가 안 좋아진다.

한파에 사람들에게 도심의 유흥가에서 기도하라고 해놓고 담임목사가 다른 곳에 강의를 간다는 건 있을 수 없는 일이었다. 예전 같았으면 결코 그렇게 말하지 못했을 것이다. 만약 부득이하게 그런 상황이 생긴다면 나는 두려워서 횡설수설 강의를 마치고는 부랴부랴 상황을 확인하고 수습하려고 했을 것이다.

하지만 그날은 두려움 없이 강의하러 갔고, 평안한 마음으로 강의를 마쳤다. 그날 기도모임이 정말 좋았을 것 같다는 마음이 들었다. 하지만 기도를 인도한 사람들에게 전화하면 인간적인 마음이 생길까 봐 걱정스러웠다.

기도하고 뿌듯해하는 마음을 겨우 진정시켜놓았는데 내가 그 일을 또 할 수는 없었다. 그래서 기도모임을 비교적 객관적인 시각으로 지켜보았을 것 같은 전도사에게 연락을 해서 물었다.

"기도모임이 어땠어?"

그런데 반응이 놀라웠다.

"역시 무언가 권리를 포기하고 내려놓아야 하나님의 인도하심을 잘 받을 수 있는 것 같습니다. 여건은 좋지 않았는데 하나님의 뜻을 경험하는 좋은 시간이었어요."

내가 그동안 말해왔던 내용들이 한순간에 경험되었다. 우리가 스스로 뿌듯한 기도사역이 아니라, 조금 힘들지만 예수님이 기뻐하시는 기도를 경험한 것이다. 정말 감격스러웠다.

나중에 사역을 이야기하고 비교할 때마다 '신림동 기도사역'이 등장했다. 그 경험이 명신교회 사역의 하나의 중요한 기준이 되었다.

가시인가
열매인가

예수님은 누가복음에서 이생의 염려, 재물, 향락^{pleasures of life} 이 열매를 맺지 못하게 한다고 말씀하신다. 마가복음에서는 세상의 염려^{the cares of the world}, 재물의 유혹^{the deceitfulness of riches}, 기타 욕심 때문이라고 말씀하신다.

여기서 특별히 주목할 것은 재물의 유혹(혹은 속임)과 향락 (생활의 기쁨)이다.

가시떨기^{thorns}에 떨어졌다는 것은
말씀을 들은 자이나 지내는 중
이생의 염려와 재물과 향락에 기운이 막혀
온전히 결실하지 못하는 자요

눅 8:14

또 어떤 이는 가시떨기에 뿌려진 자니

이들은 말씀을 듣기는 하되

세상의 염려와 재물의 유혹과 기타 욕심이 들어와

말씀을 막아 결실하지 못하게 되는 자요

막 4:18.19

열매로 가야 할 영양분을 가시에 빼앗기면 열매를 맺지 못하고 가시를 낸다. 그런데 그 가시가 우리를 아프게 찌른다기보다 우리에게 익숙하여 어쩌면 열매 같은 느낌을 주는 것들이다.

〈미운 우리 새끼〉라는 TV프로그램에 연예인으로, 사업가로 크게 성공하여 넓고 좋은 집에 사는 한 사람이 나왔다. 그런데 그는 후배들에게 자신의 집이 껍데기에 불과하다고 말했다. 그는 어릴 때 너무 가난하게 살아서 좋은 집에 살고 싶었다고 했다.

열심히 노력하여 결국 그 꿈을 이루었지만 혼자서 큰 집에 사는 것은 알맹이가 없는 껍데기라는 것을 깨달았다. 그는 결혼해서 가족과 함께 살아야 비로소 집이 완성된다고 말했다.

옳은 말이라는 생각이 들었다. 그런데 '가족이 있어도 예수님이 안 계신다면 열매, 즉 알맹이가 있는 것일까? 그것 역시 껍데기가 아닐까?'라고 목사로서 생각했다. 젊은 청년들에게 강의할 때 이 이야기를 나누며 물었다.

"예수님을 믿지 않으면서 넓은 집에서 아무 문제 없이 편하게 사는 것과 예수님을 믿고 가족과 좁은 집에서 행복하게 사는 것 중에 어떤 것을 원합니까?"

순간 청년들의 동공에 지진이 일어났다. 나는 그들의 답변을 정확히 듣지 않았다. 이상한 대답이 나올까 봐 무서워서….

재물이 주는 확실한 메시지가 있다. 예수님은 그것이 '속임'deceitfulness이라고 말씀하신다. 재물은 넓은 집에서 살고, 좋은 가구를 들이고, 아이들의 장난감 방이 따로 있고, 좋은 교육을 시키고, 호텔에서 조식을 먹으며 여행 다니는 것을 가능하게 해준다. 어쩌면 우리 삶에 가장 강력한 메시지일 수 있다.

하지만 그런 삶을 추구하면서 신앙도 그런 삶을 가능하게 해주는 쪽으로 믿고 나아간다면, 그것이 그의 삶의 열매인지는 확신할 수 없다. 재물이 가능하게 해주는 메시지를 적극 받아들이고, 삶의 모든 방면(교회와 신앙을 포함한)에서 재물을 추구한다면 가시를 맺은 것인가 아니면 열매를 맺은 것인가?

책상과 옷장, 신발장을 열어보면 자기에게 작은 사치와 기쁨을 주었던 것들을 금방 찾을 수 있다. 이것은 무엇인가? 그런 마음으로 내 기쁨을 위해 신앙을 추구하는 것이 어떤 열매를 맺게 하는지 생각해보는 것이 중요하다.

단순하게 가시인지 열매인지 그 결과를 놓고 생각해보자는 것이 아니다. 가시, 즉 내 욕심에 흡족한 내 기쁨을 경험하고 있는가 아니면 하나님의 뜻, 하나님의 말씀을 경험하고 있는가? 이것을 좀 더 세밀하게 살필 필요가 있다.

가난한 날에 아내가 만들어주던 라볶이는 우리 집 최고의 요리였다. 그러다 아이들이 크면서 피자를 사 먹게 되었다. 수원 율전동 반지하에 살 때 아내가 피자를 만든 적이 있었다. 하지만 도우만 겨우 먹고 나머지는 버리면서 다시는 집에서 피자를 만들어 먹을 생각을 하지 않게 되었다.

아내는 입맛에 맞는 피자를 만나면, 아주 크지 않은 크기라면 한 판도 먹었다. 아이들도 피자를 무척 좋아했다. 나는 피자를 멀리까지 가서 사왔다. 매장에 가서 받아오면 30퍼센트 할인을 받을 수 있기에. 버스를 타면 할인을 받는 목적이 상쇄되기 때문에 걸어갔다.

신상 피자가 아닌 기본 피자를 사왔다. 아주 맛있었다. 가족 모두 하나님께서 주신 재정으로 행복했다. 어느 순간, 재정이 풍족할 때가 있었다. 그때도 피자를 사 먹었다. 버스를 타고 가서 사왔다. 신상 피자, 비싼 피자를 사와서 가족 모두 맛있게 먹었다.

그런데 은혜보다 돈을 쓰는 맛이 더 컸다. 돈을 써서 더 맛있는 것을 먹을 수 있고, 기분이 좋아질 수 있음을 느끼고야 말았다. 나는 아이들에게 비싼 피자를 사줄 수 있는 아빠가 되었고, 아이들은 토요일에 아빠가 사온 비싼 피자를 별 생각 없이 먹었다. 그것이 우리가 토요일을 즐기는 방식이 되었다.

토요일 아침, 가족이 함께 TV 예능 프로그램을 보면서 아내가 만들어주는 라볶이를 기다리던 즐거움이 사라졌다. 돈이 그것을 앗아가버렸다. 라볶이가 예전만큼 맛있지 않았다.

'아휴, 심각하구나. 돈이 우리를, 우리의 토요일을 이렇게 만들었구나….'

그래도 다행인 것은 자비량으로 사는 삶이라는 점이다. 다시 재정이 어려워져서 함부로 피자를 사 먹을 수 없게 되었다. 꽤 오랫동안 피자가 집에서 사라지자 가끔 저렴한 동네 피자를 사도 맛있게 먹었다.

그리고 또 시간이 흘러 2시간이나 버스를 타고 치킨과 피자를 사왔다. 기본 피자지만 맛있었다. 돈을 쓴다는 느낌이 사라졌다. 겨우 피자를 샀기 때문이었다. 우리는 피자를 먹으며 따뜻함을 느꼈다. 피자를 통해 하나님이 허락하신 은혜를 느끼며 행복할 때도 있고, 돈을 쓰는 맛을 느낄 때도 있었다.

열매를
경험한다는 것

주일에 예배드리는 장소로 '손수다'라는 이름의 카페를 빌려 쓰고 있다. 엄마와 딸들이 운영하는데, 모두 교회에 다닌다고 한다. 카페의 인테리어가 청결하고 아늑하다.

바리스타 교육을 받은 지체의 말에 의하면 에스프레소 머신을 비롯한 기기들도 아주 청결하게 관리되고 있다고 한다. 영업이 없을 때는 커피 원두를 따로 보관하고, 기구를 청결하게 청소해 정돈한다.

나는 주일이 아닐 때도 가끔 들러 차를 마신다. 카페 이름답게 손수 만든 과일차가 꽤 맛이 좋다. 설탕의 단맛이 아니라 뒷맛이 깨끗한 단맛이다. 말린 과일을 먹어도 그 자체로 훌륭한 맛이 난다. 카페 곳곳에 주인의 손길과 뜻이 담겨있고, 파는 음료에도 정성이 가득해서 주인의 뜻을 경험할 수 있다.

열매는 하나님의 뜻을 경험하는 것이다. 하나님의 말씀을 따라 순종하는 마음으로 움직이면 열매, 즉 하나님의 말씀이 실현되는 것을 경험할 수 있다. 우리는 누군가에게 욕심을 경험시키기도 하고, 열매를 경험시키기도 한다.

좋은 땅에 있다는 것은
착하고 좋은 마음으로 말씀을 듣고 hearing the word
지키어 hold it fast 인내로 patience 결실하는 자니라

눅 8:15

좋은 땅에 뿌려졌다는 것은
곧 말씀을 듣고 받아 accept it
삼십 배나 육십 배나 백 배의 결실을 하는 자니라

막 4:20

마음에 말씀이 없으면 씨가 뿌려지지 않은 밭이나 마찬가지다. 그래서 거둘 것이 없다. 그러므로 말씀을 듣는 것이 우선이다. 말씀을 읽어야 한다. 그다음에는 들은 말씀을 지켜야 한다. 말씀을 깊이 받아들이면 말씀이 내 마음을 주장하여 말씀대로 마음을 쓰게 된다.

그러나 마음이 복잡해지면 마음이 말씀을 떠난다. 그렇다

해도 무슨 일이 일어나지는 않는다. 단지 열매가 없어질 뿐이다. 그런데 사람들은 알지 못한다. 열매가 없고, 가시가 가득해서 내 욕심에 흡족할 뿐임을. 하늘로부터 부어지는 하나님의 뜻과 결정과 변화를 가능하게 하는 은혜를 경험하지 못하고 있음을.

성경은 심지어 원수가 우리 마음에서 말씀을 빼앗아간다고 경고한다.

길가에 있다는 것은 말씀을 들은 자니
이에 마귀가 가서
그들이 믿어 구원을 얻지 못하게 하려고
말씀을 그 마음에서 빼앗는 것이요

눅 8:12

이것은 손에 들고 있는 물건을 빼앗기는 것과 다르다. 마음을 빼앗긴 것이다. 하나님의 말씀이 마음에 주는 좋은 것들을 빼앗기고, 원수가 주는 마음으로 마음의 내용이 바뀐 상태다.

이것을 잘 살필 필요가 있다. 하나님이 주시는 마음이 없고, 생활의 염려와 기쁨, 재물이 주는 메시지만을 받아들이고 있다면 마음에 문제가 생긴 것이다. 마음을 빼앗긴 것이다. 그러므로 내 마음이 어떤 상태인지 분별할 수 있어야 한다.

말씀이 주시는 마음을 지키면서 인내하라. 내 욕심대로 마음을 쓰고 행동하고 싶은 유혹을 이겨내고, 말씀이 주시는 마음을 지켜라. 그래야 열매를 맺는다.

우리는 열매를 기대하고 살피지 않는다. 결과를 미리 알 수 없기 때문이다. 그렇기에 내 마음이 하나님의 말씀에 순종하여 그분의 뜻을 따르고 있는지 민감하게 분별해야 한다. 매순간 내 마음의 내용을 살펴서 말씀을 벗어나 욕심을 따르고자 할 때 말씀에 복종시켜야 한다. 그렇게 하면 30배, 60배, 100배의 열매가 있다고 주님은 말씀하신다.

하지만 아직은 잘 모르겠다. 말씀에 순종하여 마음을 지키는 것은 비교적 익숙한데, 그것이 열매를 맺어 100배가 될 날이 언제쯤 올지는….

열매2

열매는
주인의 것이다

　예수님은 마가복음 12장에서 포도원에 관한 비유로 말씀하셨다. 포도원 주인이 포도원을 만들고, 울타리를 두르고, 즙 짜는 틀을 만들고, 망대를 지어서 농부들에게 세를 주었다. 그는 좋은 주인이었다.

　다른 비유에서는 주인이 아침부터 일한 사람이나 오후에 와서 일한 사람이나 약속대로 같은 일당을 주었다고 하신다(마 20장 참조). 이 주인은 후한 일당을 주고, 일할 수 있는 좋은 환경도 준다.

　이 좋은 주인은 돈보다도 일꾼들이 일하도록 돕고, 그들의 필요를 채우는 것에 더 관심이 있는 것 같다. 사실 세상에는 이런 주인이 없다. 세상에 없는 좋은 주인이다. 그런데 일꾼들은 그에게 적대적이다.

때가 이르매 농부들에게

포도원 소출 얼마를 ^{some of the fruit} 받으려고

한 종을 보내니 그들이 종을 잡아 심히 때리고

거저 ^{empty-handed} 보내었거늘

막 12:2,3

일꾼들이 주인이 확인하고자 하는 열매에 대해 적대적인 이유는 포도원을 자기 소유로 만들고 싶은 마음이 있었기 때문이다.

그 농부들이 서로 말하되

이는 상속자니 자 죽이자

그러면 그 유산이 우리 것이 되리라 하고

막 12:7

우리 가족은 전셋집을 빌려서 살고 있다. 정말 감사한 마음으로 살고 있다. 전세 만기가 되면 또 집을 구해야 하는 어려움이 있지만 그래도 감사하다. 가족 중에 누구도 전세로 살고 있는 집을 욕심내지 않는다. 그것을 욕심내는 건 아주 우스운 일이다. 애초에 시도 자체가 불가능하다. 그것은 불법이며, 법이나 집 주인이 그렇게 허술하지도 않다. 그런데 왜 사람들

은 하나님의 열매를 자신의 것으로 만들고자 할까?

먼저 우리 마음 안에 좋은 것을 보면 내 소유로 삼고 싶은 욕구가 생김을 깊이 인정할 필요가 있다. 더군다나 좋은 주인이어서 돈에 욕심이 없고, 종들에게 믿고 맡긴다면 그들이 욕심대로 주인의 아들을 죽이고 그 유산을 자기 것으로 만들고자 하는 시도가 가능해진다.

마치 주인이 없는 것 같은 따뜻하고 은혜 넘치는 분위기에서 누군가 악하게 마음먹고 자신의 것을 만들기로 결정하면 못할 일이 없을지도 모른다.

열매는 주인의 것이다. 주인의 것을 욕심내면 나쁜 사람이 된다. 남의 것을 내 것으로 만들려는 사람은 결코 좋은 사람이 아니다. 문제는 한 사람이 아니라 같은 욕심이 있는 여러 사람이 하나 되어 주인의 아들을 죽였다는 것이다.

내 것이 생긴다면, 굳이 나서지 않고 동조만 해도 된다면 얼마든지 동참하는 사람이 될 수 있다. 대제사장들과 서기관들만 그러는 것이 아니다. 주인의 것을 내 것으로 만드는 모든 사람이 다 이 비유에 해당한다. 그러므로 내 것으로 만들고 싶은 시도가 무엇인지 살펴야 한다.

수요 성경공부 모임을 시작했다. 사람들이 많이 왔고 분위기도 좋았다. 새로운 사람들이 많았다. 좋은 사람들이었다.

그런데 모임이 진행되면서 점점 힘들어졌다. 좋은 분위기인데 무언가 서로 맞지 않는 것처럼 느껴졌다.

솔직하게 말하면 나와 다른 사람들이 맞지 않았다. 그들은 성경공부가 필요해서 찾아왔고, 모임에는 위로가 될 만한 은혜가 있었다. 필요와 은혜의 접점에서 사역자들과 사람들은 서로 의지가 된다. 그런데 나는 그것이 못마땅하다.

어쨌든 그 모임을 소중하게 여기는 사람들에게 모임을 맡기기로 했다. 나는 필요한 교재 선택에 도움을 주고, 모임에는 나가지 않았다. 온누리교회의 수요 오전예배와 같은 모임이 일어나기를 바랐지만 출발이 약간 꼬였다. 항상 이런 식으로 교회가 힘들어지곤 했다.

다른 사람들은 좋다고 하는데 내가 괜히 훼방을 놓는 것처럼 "이러면 안 된다"라고 말해서 갈등이 최고조에 달했다. 그러면 서로 원하는 사람들끼리 하도록 돕고, 나는 소수의 사람들과 다시 도시를 떠돌곤 했다. 점점 그것이 무엇인지를 배우고 있었다.

몇 달이 지났다. 수요 성경공부가 약간 시들해질 즈음 사역자들과 도시로 나가 기도하기 시작했다. 다행히 성도들이 도시에서 기도하면서 받은 은혜를 진실로 좋게 여기고, 이것이 교회의 방향이라는 데 동의했다.

그렇게 기도사역이 일어나고, 수요 오전 성경공부 모임은 잠정 중단되었다. 나는 여기서 멈추지 않았다. 다시 모임을 만들고 싶은 마음에 기도했다. 그런데 기도 중에 '네가 원하는 것보다 훨씬 빠르게 사람들이 각자의 것을 만들려고 할 것이다'라는 마음을 받았다.

나는 몇 번의 경험을 통해 그것이 무엇인 줄 알기에 다시는 시도하지 않는다. 나 역시 소중한 모임에서 은혜를 누리고 분위기를 만들어서 모임을 성장시키며 사람들에게 일을 나누어 맡기고 싶을 때가 있다. 그런데 그것이 주인의 열매가 아니라 가시와 같은 내 기쁨임을 분명히 느낀다.

사람들이 그 기쁨을 원해서 순식간에 모임이 누군가의 것이 되어 힘들어졌던 경험이 있다. 지금까지 사역을 하면서 겪었던 가장 큰 고통은 '누구의 것인가'에 대한 다툼이었다. 서로 그것이 무엇인지 모른 채로….

다시는 주인의 것을 넘보지 않으리라. 겪어보니 정말 고통스러웠다. 그것을 견디며 사역할 수는 없다. 오직 주인의 열매가 되도록 헌신해야 한다. 그래야 내가 쉴 수 있고, 살 수 있기 때문이다.

크리스마스
사역

크리스마스에 전도하는 것은 하늘이 선물로 주신 기회였다. 예수님이 오심을 기뻐하는 날에 그분을 증거하는 것은 크리스마스 정신에도 부합했다. 그래서 주인공이 산타가 아니라 예수님이심을 증거하기로 했다.

이날은 사람들도 마음을 열었다. 누구도 전도를 싫어하거나 거부하지 않았다. 모두 예수님에 대해 생각하는 날이라고 여겼다. 이보다 좋은 환경이 또 있을까!

우리는 신촌에서 크리스마스 전도를 하기로 했다. 마침 서대문구청에서 신촌 거리에 다양한 체험부스를 설치하여 축제를 즐기도록 만들어놓았다. 전도팀도 그 분위기에 자연스레 녹아들었다.

우리는 몇 개월 전부터 캐럴 연습을 했다. 다들 처음에는 조금 부끄러워했지만 주일 예배 후에 연습을 하면서 교회가 부드러워지고 사명감이 생겼다. 언제나 그렇지만 부드러운 방향성이 제일 좋다. 늘 그럴 수 있다면 좋을 텐데…. 은혜는 항상 부드러운데 내 딱딱함이 은혜를 가로막는 것 같아 늘 죄송하다.

"Joy to the world, the Lord is come! Let earth receive her King! Let every heart prepare him room."

서툰 영어 발음으로 즐겁게 연습했다. 옆에서 듣던 아이들이 더 신나서 캐럴을 다 외웠다. 따로 가르치지도 않았는데 듣고 외운 것 같았다. 역시 예수님을 높이는 데는 아이들이 최고다.

행사를 맡은 팀은 에비앙 생수 2천 개와 각종 초콜릿과 사탕을 준비했다. 성경말씀으로 스티커도 만들었다. 미리 모여서 선물을 예쁘게 포장한 뒤에 박스에 담아놓았다. 그리고 크리스마스 아침에 사람들과 그것을 신촌 기차역으로 옮겼다.

그런데 분위기가 썰렁했다. 기차역 주변뿐 아니라 우리 마음도 이상했다. 사람들도 더디게 모였다. 그래도 기죽지 않았다. 막상 전도가 시작되면 다들 용기백배가 된다는 것을 몇 번의 경험을 통해 알고 있었다.

내가 여유 있게 농담을 해보았지만 아무도 받아주지 않았다. 무엇보다 빨간 모자가 문제였다. 언젠가 농담 삼아 "우리, 빨간 모자를 쓰고 캐럴 부를까요?"라고 했더니 충성스런 전도사님이 모자를 아주 넉넉하게 준비했다.

처음에는 모르는 척 모자를 쓰지 않으려고 했는데 어쩐지 나도 써야 할 것 같아 모자를 썼더니 모두들 당황했다. 그러면서 내게 거울을 보지 말라고 했다.

근엄한 표정으로 빨간 모자를 쓰고 있는 중년 아저씨. 그 기묘함이 사람들을 피하게 만들 것 같았다. 그래서 모자를 벗자고 해도 분위기가 풀리지 않았다. 나는 기도하고 내 마음을 나눴다.

"우리가 모자를 쓴 것이 허드슨 테일러 선교사님이 청나라에서 선교를 하기 위해 변발을 한 것과 비슷하지 않을까요?"

이렇게 말해놓고 내가 더 당황했다.

'아무리 분위기가 안 난다고 이런 거창한 예를 들다니….'

그래도 착한 성도들이 내 말을 귀담아 들었다.

"빨간 모자를 쓰면 산타에 대한 분위기를 조장할 수 있다는 거부감이 우리 안에 있는 것을 압니다. 그럼에도 모자를 쓰는 이유는 안 믿는 사람들에게 자연스럽게 다가가기 위해서입니다.

그들에게 크리스마스는 즐거운 축제입니다. 그들을 긴장시키지 않고 분위기를 받아주면서 진정한 생명이신 예수님을 자연스럽게 전하면 됩니다. 사람들이 원하는 진정한 생명은 예수님밖에 없음을 자연스럽게 전달하는 거죠."

사람들이 깊이 듣는 듯했다. 아무도 어색해하지 않았다. 조현삼 목사님이 성도에게 동기부여를 너무 자주 하면 성도도 목회자도 힘들다고 말씀하셨는데, 나는 늘 동기부여를 하는 것 같다.

전도하는 동안 살펴보니 동남아시아에서 온 관광객들이 생수를 받고 특히 감동했다. 생수를 나눈 이유는, "이 도시에 생명이 필요하며 예수님이 바로 그 생명이십니다"라고 기도한 데서 비롯되었다. 우리는 생명이신 예수님을 증거하기 위해 기도로 준비했다.

지나가는 사람들은 쉽게 살 수 없는 비싼 생수를 받는 것뿐이지만 우리는 그들이 생명 되신 예수님의 성품을 경험하면 좋겠다는 마음으로 선물을 나누었다. 눈에 보이지 않지만 성령께서 열매와 은사로 역사하시리라 믿으며….

기차역에서 용기를 얻은 우리는 백화점 앞으로 진출하기로 했다. 사람들도 거의 다 도착했고, 전도 열기도 달아올랐다. 나는 기차역 주변의 쓰레기를 치우고 조용히 사라지기로 했다. 거기까지가 내가 할 일이라고 생각했다.

나중에 들어보니 모두 신나게 선물을 나누었고, 캐럴을 부를 때는 사람들이 크리스마스 공연이라며 많이 보았다고 했다. 심지어 빨간 모자를 달라는 사람도 있었다고 한다.

그날 모인 성도 중 누구도 자신이 한 일을 뿌듯하게 여기며 말하지 않았다. 아마도 모두 예수님을 경험했기 때문이리라.

열매로
섬긴다는 것

원주에 갔다. 눈이 오는 날이었다. 교회에 나온 지 얼마 되지 않은 근만 성도의 세례문답 공부를 하기 위해서였다(근만 성도는 세례를 받고 나중에 서리 집사가 되었다. 세례 받던 날, 부인 유경 집사가 눈물을 보였다).

좀 먼 길이었지만 원주에서 근무하는 그를 위해 결정한 일이었다. 공부를 마치고 같이 저녁을 먹었다. 버스터미널 근처에 있는 백반집이었는데 맛도 인심도 좋았다.

남편은 원주에서 근무하고 집은 광명에 있어서 주말부부로 지내던 둘은 원주로 이사를 가야겠다고 마음먹었다. 그런데 집을 알아보는 중에 갑작스럽게 근만 집사가 시흥으로 발령이 나서 이사하지 않게 되었다.

덕분에 아침 묵상모임을 시흥에서 할 수 있었다. 아침 일찍 문을 여는 곳이 스타벅스밖에 없었다. 7시에 문을 열기에 따뜻하게 몸을 녹이고 차를 마시며 안정감 있게 묵상을 나눌 수 있었다.

우리 집에서 시흥까지는 2시간이 걸렸다. 스타벅스에서 우리는 30분간 묵상모임을 했다. 근만 집사도 나도 묵상모임에 가는 걸음은 무겁지만 오는 길은 행복했다.

단 둘이 묵상모임을 하다가 충원에게 같이 하자고 했다. 영혼을 기다리고 돌보는 훈련이 필요하다면서 권했지만, 셋이 하면 더 좋을 것 같아서였다.

한 후배 사역자가 교회에 왔는데 올망졸망한 아이가 셋이고(또 한 명은 태중에 있고) 사역과 재정이 필요했다. 아직 교회가 작아서 사역도 작고, 사례도 해줄 수 없었다. 그러나 그를 돕고 싶었다.

나는 궁여지책으로 교회 사무실 월세를 빼서 사례를 하면 좋겠다고 제안했다. 착한 성도들이 아무 말 없이 받아들여주었다. 한 달 헌금의 절반이 전도사님들의 사례로 나가지만 다들 기뻐하고 함께 즐거워했다. 그래도 사무실은 필요했다.

나는 아내의 눈치를 보다가 말했다.

"청약통장을 깨면 어떨까?"

6년이나 부은 통장을 깨자는 갑작스런 제안을 아내가 흔쾌히 동의해주었다. 도리어 내가 당황스러웠다. 작은 집을 산 적이 있긴 해도 가격이나 크기 면에서 무주택에 해당한다. 20여 년간 무주택에 아이가 셋이면 청약 시에 가산점을 받을 수 있는데 아내는 쉽게 포기했다. 어떻게 그렇게 쉽게 포기할 수 있냐고 물었더니 아내가 말했다.

"자비량으로 살면서 돈은 하나님께서 주신다는 것을 알았어요."

그동안 우리가 믿음으로 함께 살아왔음을 새삼 느꼈다. 청약통장 해약금으로 사무실 보증금과 몇 달치 월세를 미리 내고 필요한 집기를 사니 재정이 순식간에 사라졌다.

처음 사무실을 얻었을 때는 '이제 우리도 출발하는구나' 하는 마음이 있었다. 그러나 쉽게 사무실이 없어지자 아무도 사무실에 마음을 두지 않았다. 마치 대학 동아리 방처럼 다들 자유롭게 사용했다. 그냥 즐겁게 사용하면 그만이었다. 간단한 문서작업이 가능한 기기들, 냉장고, 쌓여있는 컵라면과 간식 그리고 생수와 캡슐커피까지.

근만 집사에게서 문자가 왔다.

'통화가 안 되서 문자 드립니다. 다름이 아니라 이번 사무실 이사 때 물품 중에 하나를 섬겼으면 하는 마음을 아내와 같이 받아서 여쭤보려고요. 저희가 해도 되는지, 어떻게 해야

할지 말씀을 듣고 싶습니다. 뜬금없이 문자를 드려서 죄송합니다.'

내가 답을 보냈다.

'와우! 정말 좋은데요. 많이 기쁘네요. 혹시 생각하신 금액이 있을까요?'

나는 문자를 보내고 나서야 내 답변이 조금 이상하다는 생각을 했다. 좋은 마음으로 헌물하고 싶다는 사람에게 액수를 묻다니…. 혹시 부담스러운데도 억지로 할까 봐 정확한 금액을 묻고 부탁하려는 의도였지만 조금 미안했다. 소소한 물품을 부탁해서 헌물하는 사람의 마음을 기쁘게 해주면 되는데….

답장을 기다리다가 걱정이 되어서 다시 문자를 보냈다.

'액수가 크지 않아도 괜찮아요. 부담 갖지 마세요.'

'마침 민원인이 와서 답이 늦었습니다. 아직 마음을 구체적으로 받지는 못했어요. 기도해보고 기쁘게 말씀드리도록 하겠습니다.'

'고마워요.'

'아닙니다, 목사님. 저희에게 더 의미 있는 일이라고 생각하고 있습니다.'

그런데 금세 또 문자가 왔다.

'갑작스러워서 경황이 없지만, 100만 원 정도로 섬길 만한

일이 있을까요?'

'너무 많아요. 30만 원 정도면 돼요. 사실 필요한 건 하나예요. 작은 냉장고.'

'앗, 그럼 저희가 냉장고를 살까요?'

'와우! 좋죠. 충원 전도사님과 이야기해보실래요? 사실 냉장고가 필요해서 기도하고 있었는데 놀랍네요.'

'네, 알겠습니다. 감사합니다.'

'절대 30만 원을 넘기면 안 돼요. 고마워요.'

'네, 알겠습니다.'

지금 냉장고는 사무실 티테이블 옆에 조용히 서있다. 마치 언제나 거기 있던 것처럼. 사무실이나 냉장고는 생소하지만 은혜로운 열매는 언제나 익숙하다.

진회 형제가 사둔 콜라와 사이다, 어린이 주스가 냉장고에 가득하다. 나는 주로 냉동실에 얼려둔 얼음으로 아이스커피를 마신다. 캡슐커피로 내린 에스프레소는 제법 전문점 맛과 흡사하다. 가끔 우유를 넣어 아이스라테를 마시기도 하는데 우유와 에스프레소 농도를 마음대로 조절할 수 있어서 좋다 (우유는 유통기한 내에 정확하게 냉장고에서 사라진다. 모두가 냉장고의 상태에 관심이 많은 것 같다).

기도 중에 하나님의 뜻을 받아 부부가 함께 대화하며 착하고 좋은 마음으로 냉장고를 헌물했다. 성도의 열매를 잘 지키고 보호해주어야 한다. 열매로 교회를 섬기는 사람들의 사역을 내 욕심으로 바꾸면 안 된다. 사실 냉장고가 필요했지만 섣부르게 움직일 수 없었다.

사무실 비용으로 이미 2천만 원을 썼기에 냉장고를 사면 좋겠다고 아내에게 말할 수도 없었다. 그래서 무언가 하나님께서 하실 일이 있을 것 같다는 기대로 기다렸다. 그때 근만 집사의 문자가 왔다.

모두가 순종해야 열매가 나타난다. 냉장고는 열매다. 아니, 근만 집사가 열매다.

은주 간사는 수요일 성경공부 모임에서 처음 만났다. 지혜롭고 유쾌하며 의롭고 예민한 사람이라는 생각이 들었다. 존 스토트의《로마서 강해》는 그리 쉬운 내용이 아니다. 그러나 은주 간사는 잘 이해하고 깊은 생각 속에서 정리하는 듯 보였다.

그녀는 스스로 묵상모임을 하고 싶다고 했다. 이것이 중요하다. 스스로 하고 싶어 하는 것. 보통은 사역을 하고 싶은 것이 아니라 포지션을 확인하고 싶어 한다. 내가 아무리 마르고 닳도록 "사역을 하면 포지션이 생긴다"라고 말해도 잘 듣지 않는다.

은주 간사가 스스로 묵상모임을 만들었다. 분위기도 좋았다. 사람들이 매주 모였다. 그녀가 지칠까 걱정이 되어서 말려도 소용없었다. 사람들이 묵상모임을 기다리기 때문에 멈출 수가 없다면서. 이것도 매우 중요하다. 영혼을 돌보기 위해 사역하는 것.

보통은 사람들이 모이면 의미 있는 일을 찾는다. 그러면 권위를 사용해서 일을 진행할 수 있을 때 사역을 하려고 한다. 그러나 일이 먼저가 아니라 영혼을 돌보는 것이 먼저가 되어야 한다. 영혼을 돌보는 것이 우리의 일이 되어야 한다.

그동안 집에서 묵상모임을 해왔는데 그날은 특별히 연말 마지막 모임이라 스타벅스에서 모이기로 했다며 은주 간사가 나를 불렀다. 나는 당연히 가야 했다. 손님으로. 은주 간사는 내게 무언가 특별한 권한을 주려고 했지만 그 모임은 그녀가 리더였다.

은주 간사가 땀을 뻘뻘 흘리며 모임을 인도했다. 그 심정을 잘 안다. 모든 부담감을 떠안고 모임을 평안하고 자연스럽게 인도하기 위해 땀 흘리는 것. 나는 도울 수 있는 선에서 차분하게 도왔다.

개척하는 내내 나는 땀을 뻘뻘 흘렸다. 사역자들을 세우고 돕고 싶었는데 늘 내가 사역을 하고 있었다. 은주 간사도 그렇게 사역을 하고 있었다. 그녀는 내가 양육을 도운 사람이 아니라 어느 날 스스로 교회에 찾아온 사람이었다.

그녀가 지치고 시험에 들까 걱정이 된다. 이렇게 글로 쓰면 반드시 시험이 올 것 같아 두렵기도 하지만 하나님께서 감당할 시험만 허락하신다고 믿고 섬기며 도울 것이다.

열매로
드리는 예배

사람들이 예배를 부담스러워한다. 모두가 긴장한다. 내 잘못인 것 같다. 하나님을 경외하는 예배를 드려야 한다고 지나치게 강조했기 때문이다. 그러자 예배를 자기 마음대로 드리지는 않게 되었지만 그렇다고 경외함으로 드리는 것 같지도 않다.

그냥 긴장만 생긴 것이 아닌가 싶다. 모두가 하나님의 뜻을 따라 자신의 삶을 돌아보고 잘 살았든 못 살았든 진실함으로 예배드리면 좋겠다고 설명했지만, 삶을 돌아보는 것은 누구에게나 힘들다.

예배를 향한 몇 가지 마음이 있다. 물론 누구도 대놓고 말하지는 않는다. 그러나 이런 마음들과 싸우면서 하나님의 뜻을 구한다.

첫 번째는 '누가 내 삶을 알까?' 하는 마음이다. 내가 어떻게 살았는지 아무도 모르고, 나도 모르는 상태로 예배에 나온다. 잘 살았다면 하나님의 뜻을 따라 돌아보는 것이 좋고, 그렇지 못했다면 돌아보기가 힘들다.

하나님 앞에서 무언가 문제가 있는 내 삶을 돌아보는 것은 누가 시켜도 잘 되지 않고, 내 스스로 하는 것은 거의 불가능하다. 정말로 훈련된 사람만이 정직하게 돌아보는 것 같다.

삶을 돌아보지 않아도 느낌이 있다. 오늘 예배가 좋을지 아니면 힘들지. 힘들 것 같은 예배에 나오는 사람의 마음이 좋을 리 없다. 그 긴장을 없애기 위해서는 하나님의 뜻을 따라 삶을 드리는 예배를 포기하면 된다. 하지만 그럴 수 없어서 예배를 나누고, 교회를 분립했다.

성도들이 대놓고 말은 안 하지만 도저히 참을 수 없는 지경에 이르렀다. 예배 때마다 힘든 시간을 감당하기 어려워했다. 무엇보다 나도 지쳤다. 미궁에 빠진 것 같았다.

삶을 완벽하게 살 수 없고, 진실하게 살고 싶지도 않은 상태에서 내가 이것을 분명하게 말하면 예배 분위기가 더 어려워지곤 했다. 문제가 있는데 진실하지 않을 때, 우리는 더 이상 함께하기 힘들어진다.

두 번째는 '잘못한 것이 아니라 지금 힘들다'라는 마음이다. 내 삶을 건드리면 나는 화를 낼 것이다. 성도들은 대놓고 화내지는 않지만 자신의 삶에 대해 진실한 내용이 오지 못하도록 방어하는 마음으로 예배를 드린다.

한두 명이 아니라 많은 사람이 그러면 예배가 정말 힘들어진다. 자신의 삶을 건드리지 말라는 저항과 굳이 삶을 건드려서 예배를 힘들게 할 필요가 있냐는 사람들의 연합이 있었다. 결국 나까지 함정에 빠져서 더 이상 예배를 섬길 힘을 잃어 포기하기를 반복해왔다.

함정에 빠지는 내용은 주로 '자책'이다. 존 스토트 목사님은 《살아있는 교회》에서 선지자적 설교와 목자적 설교가 균형을 이루어야 한다고 했다. 그렇기에 '나는 너무 선지자적 설교에 치우쳐서 사람들이 받아들이지 못하는구나'라는 자책을 하게 된다.

이것은 내 인격에 관한 문제이기도 하다. 나 자신도 그렇게 살지 못하면서 완벽을 추구하는 까다로움으로 성도들을 힘들게 했다. 그들의 힘든 삶을 공감하며 눈물을 흘리는 사역자들이 얼마나 많은가? 그런 사람들이 사역을 성공적으로 한다. 나는 실패한 것 같다.

그런데 어느 순간 사역자들에게서 변화의 조짐이 보였다. 같이 일하는 동역자들이 예배에 대해 깊이 생각하기 시작했다. 사역자들은 예배를 '사역의 기회'로 생각하는 경향이 있다. 은혜로운 예배에서 사람들을 감동시키는 설교를 하고 싶은 것은 모든 사역자의 소망이 아닐까?

나는 그런 사역자들의 요구를 거절할 수 없어서 적은 인원이지만 나누어서 예배를 드리면 좋겠다고 성도들을 설득했다. 충분히 훈련된 사역자들에게 설교할 기회를 주어야 한다면서. 사역자에게는 예배에서 설교하는 것이 가장 중요한 사역이다. 그들은 늘 설교할 기회를 찾고, 설교가 가능한 회중을 찾는다.

사역자가 회중이 싫어하는 것을 하지 않고 자신이 원하는 것으로 사역할 때, 예배는 방해를 이길 수 없다. 물론 하나님의 뜻을 따라 성실하게 행해도 방해는 집요하다. 그러나 하나님의 뜻을 벗어나는 순간, 사람들은 각자 원하는 예배를 드리기 시작하고, 사역자마저 수습할 수 없게 된다.

예배를 나누자 오후예배를 기다리는 사람들의 모습에 오전과 다르게 긴장이 없었다. 나는 그것이 걱정되었다. 물론 다른 사람들은 아무도 걱정하지 않았다. '드디어 긴장에서 벗어났다. 우리는 잘할 수 있다'는 분위기가 엿보였다.

하나님의 뜻과 사역자의 뜻 그리고 회중의 뜻 중에서 회중의 뜻이 이겼다. 하나님의 뜻은 불분명하나 사역자는 그분의 뜻을 받들려고 온갖 희생을 감수하고, 회중은 그런 상황을 이해하지 못하지만 예배를 드리면 마음과 삶이 회복되고 변화되는 것을 느끼는 것이 가장 이상적이다. 물론 나중에는 모두가 하나님의 뜻을 찾고 자신의 뜻을 내려놓는 기쁨의 예배를 드리는 날이 있을 것이다.

사역자들은 확실히 느꼈다. 왜 예배를 드리기 위해 투쟁이 필요한지. 그들은 예배가 순식간에 방해에 휩쓸리면서 제각각 자기 마음대로 예배드릴 때의 고통도 느꼈다. 그러자 그동안 하지 않았던 이야기들을 꺼내기 시작했다.

교회가 세 개로 나뉘어 예배를 드리자 사람들이 예배 때마다 있었던 긴장을 이해하지 못하고 원망했다. 사역자들은 그런 나를 판단했고, 사람들과 동조하여 교회가 결국 세 개로 나뉘었다. 이제는 그런 실수를 반복해서는 안 된다.

사역자들은 사람들의 뜻에 적극적으로 동의하는 것은 아니지만 자신을 향한 공격으로 받지 않고 현실적인 분석으로 이해하며 받아들이게 되었다.

내 뜻을 따르는 사람을 찾아 사역해서는 안 된다. 그런 식으로 생각하면 언제나 내 뜻을 따르는 사람을 찾고 구하게 된다. 그러면 반드시 내 뜻에 대해 거래하고 조종하려는 사람이 나타난다.

"너를 지지할 테니 내 삶을 건드리지 말고 보호해줘."

그러면 사역자는 적극적으로 동참한다.

"건드리지 않는 정도가 아니라 네가 잘되도록 기도해줄게."

그렇게 키운 사역이 어떤 열매를 맺겠는가? 사람의 뜻은 강력하게 서로를 연결시킨다. 사역자들은 적당히 사람의 뜻을 받아주며, 자신이 원하는 설교를 하며 예배를 진행할 수 없다는 것을 깊이 깨달았다.

다행히도 사역자들은 반발심으로 더욱 멀리 가는 일은 하지 않았다. 성숙함이다. 개척하면서 처음으로 예배가 무엇인지 깊이 동의하는 사람들을 만났다. 그들을 힘들게 만들려는 의도가 있거나 목사의 성격에 문제가 있어서가 아니라, 하나님의 뜻에 순종하기 위한 투쟁이었음에 동의하는 이들을 만난 것이다.

열매로 예배를 드린다는 것은 무엇일까? 예배를 통해 내 삶과 마음을 살펴보고, 나를 향한 하나님의 뜻을 받아들이며 마음과 삶을 새롭게 하는 것이다. 하지만 생각보다 매우 어려운 일임을 오랫동안 개척하면서 깨달았다.

이미 언급했지만 하나님 앞에서 자신의 삶을 돌아보는 것은 쉽지 않다. 예배 중에 성도들이 삶을 돌아보게 하는 대신 그들을 위로하면, 언젠가 은혜 가운데 자신의 삶에 대해 깨어진 마음을 갖게 되리라 생각했는데, 그렇게 되지 않았다. 물론 미리 알고 그렇게 해온 건 아니다. 그들을 위로하려 했지만 그것을 싫어하시는 하나님의 뜻을 느꼈다. 도저히 그렇게 예배를 드릴 수 없었다.

예배를 충성스럽게 지키는 것이 너무나 힘든 일임을 배웠다. 삶을 돌아보지 않고 위로하면 당장의 긴장은 피할 수 있다. 그러나 방해를 이길 수 없고, 사람들의 강력한 마음의 구조가 그대로 예배가 된다. 그것은 더욱 힘들다. 그러니 원칙을 지킬 수밖에 없다.

예배 중에 삶을 돌아보고, 하나님의 뜻을 따라 마음과 삶을 새롭게 해야 한다. 사역자로서 예배를 키우고 싶은 내 야망이 다루어지면 교회가 적당히 성장하는 것이 아니라 모두가 하나님의 뜻을 향해 일어서는 날이 올 것이다. 그날이 꼭 오면 좋겠다. 그렇지 않더라도 그 길을 가야 한다.

충원은 외롭다. 사역을 그만두고 나오면서 상처를 받았다. 사람들이 그의 가장 중요한 가치를 건드렸다. 누구보다 의롭고 진실하고 충성스러운 형제를 야망으로 움직이는 사람으로 비웃으며 비꼰 것이다. 그는 견딜 수가 없어서 사역을 내려놓았다.

나는 그런 충원에게 친절하지 않았다. 사역할 때 권위구조 세우기를 먼저 하는 모습을 지적했다. 권위구조를 만들고, 그 속에서 일을 진행하는 것이 사역이 아니라고 말했다. 사람을 섬기고 영혼을 돌보는 법을 배워야 한다며 그와 경기도 일대를 돌아다녔다.

한 사람을 위해 아침 일찍 먼 도시에 가서 기다리고, 두 사람을 위해 또다시 다른 도시에 가서 예배를 드리는 일을 같이 했다. 그는 나를 따라 편의점에서 누룽지에 물을 부어 먹으면서 심방을 하고 예배를 드렸다.

그러자 권위구조부터 파악하고 자기 포지션을 생각하던 그의 습관이 사라졌다. 더욱 훌륭한 것은 나를 포함해서 사람을 의식하지 않게 되었다. 그리고 사람들이 무언가 거래하고 조종하려 할 때 용기 있게 말했다. 명신교회의 방향과 예배, 관계, 사역에 대해서.

그것이 사람들이 그를 미워할 충분한 요소가 되었으리라. 더군다나 담임목사인 내가 그를 보호해줄지 그렇지 않을지도 모르는 상황이었다. 내가 그를 곤경에 빠트리지는 않겠지만 반드시 그의 편을 들어준다는 보장도 없었다.

하나님의 뜻을 따른다며 그가 원하는 보호를 해주지 않을 수도 있기 때문이다. 그렇다면 두려울 수 있다.

'나만 곤경에 빠지고, 사람들로부터 버림받는 건 아닐까?'

하지만 그는 그 두려움에서 점점 벗어나고 있다. 모두를 믿을 수 없게 된 것이 아니라 담임목사든 누구든 자기를 지켜줄 수 없음을, 오직 하나님만 따라야 함을 배워가는 중이다.

나는 그와 돌아다니고, 교회 사무실을 얻고, 크리스마스 행사를 진행했다. 그리고 그의 신대원 진학을 위해 재정을 만들고, 집사님들이 나를 위해 쓰도록 책정한 재정마저 그의 사례로 돌렸지만 그에게 마음을 주지는 않았다.

언제나 처음 만난 사이, 언제고 헤어질 수 있는 사이처럼 그를 대했다. 그가 사람을 의지하거나 의식하지 않고 오직 하나님만을 따르기 바라면서. 나는 진즉 배웠다. 나를 따르는 사람은 의미가 없다는 것을. 나는 실체가 아니라 허상이다. 실체는 예수님이시다.

허상끼리 모이면 실체가 아닌 기묘한 허상을 만들어낸다. 마치 열매 같지만 가시 같은 것들이다. 가시를 잔뜩 모아놓고 열매라고 자랑스러워할 수 있다.

열매의 기쁨

아침 6시, 안양에서 출발해 시흥으로 갔다. 근만 집사와 묵상모임을 하기로 한 날이었다. 추웠다. 영하 12도의 혹한, 전철에서 내려 미어터지는 버스를 피해 조금 한가한 버스를 탔다. 지난번에 충원과 갈 때, 버스에서 내리다가 젊은 남자 승객이 사람들에게 떠밀려 넘어지는 것을 보았다. 오늘은 다행히 한가한 버스를 만났다.

스타벅스는 따뜻하고 조용하다. 에스프레소, 아메리카노, 샌드위치, 카스텔라를 시킨다. 주문을 하고 기다리는데 근만 집사가 왔다. 차가 막히지 않아서 일찍 왔다고 했다. '혹시 근만 집사가 미안한 마음에 일찍 와서 음료를 준비하려고 하지 않았을까?' 하는 생각이 들었다.

우리는 학개서를 같이 묵상했다. 《메시지성경》 학개서 머리

말이 참 아름다웠다. 우리는 묵상을 나누며 하나님이 함께하심을 느꼈다.

때로 웃고, 눈물짓고, 어려움을 나누면서 눈에 보이지 않는 하나님을 경험한다. 열매는 하나님의 말씀이 우리 마음을 감동시킨 내용을 나눔으로써 하나님의 뜻을 경험하는 것이다. 열매란 하나님의 말씀에 순종하는 마음이다.

묵상모임이 끝나고 우리는 근만 집사 회사 근처까지 같이 가서 허그를 하고 헤어졌다. 언젠가 헤어질 때 은혜가 감사해서 서로 따뜻하게 안아주었는데, 이후부터 근만 집사는 헤어질 때 꼭 허그를 해야 했다. 성도의 따뜻한 만남이었다.

추운 날 아침 일찍 일어나 묵상모임에 가는 길은 힘들지만 순종하고 돌아오는 길은 얼마나 마음이 행복한지! 이번에는 부천으로 모임을 하러 갔다. 오랫동안 버스가 오지 않았다. 추운데 마침 해가 떴다.

햇살을 받으며 바람이 적게 부는 곳에 서서 버스를 기다렸다. 딱 한 사람이 서 있을 만한 공간이었다. 그런데 옷을 얇게 입은 사람이 나를 살폈다. 아마도 추운 지방에서 살다가 온 동포인 것 같았다.

나는 그에게 자리를 비켜주고 햇살이 비치는 육교 앞으로 갔다. 버스 정류장에서 떨어져있어서 버스가 오면 뛰어야 했지만 그래도 즐거웠다.

나는 착하지 않은데 하나님의 열매를 경험하니 착해졌다. 하나님을 사랑하고, 다른 사람을 섬기는 것이 자연스럽게 되었다. 한참 후에 버스가 와서 나는 부천으로 달렸다.

가시와 열매는 다르다. 그런데 우리가 혼동할 만큼 가시가 주는 의미가 있다. 가시는 재정이 주는 메시지로 우리를 속인다. 재정이 주는 편안함과 즐거움이 열매인 것처럼 추구하게 한다. 돈을 우선한다면 그것은 열매가 아니다. 하나님의 뜻이 우선되어야 열매다.

조금만 자세히 살피면 알 수 있다. 내가 추구하는 것이 돈인지 아니면 하나님의 뜻인지. 물론 열매로 재정을 받을 수도 있다. 그것은 재정에 대한 묶임이나 욕망이나 상처가 아니라 청결한 재정이다. 묶임이 없고, 서로를 사랑하게 하는 좋은 재정이다.

가시로서의 재정과 열매로서의 재정이 우리 생활에 미치는 영향은 매우 크다. 다 같은 돈이 아니다. 맘몬으로서의 재정은 구분되어야 한다. 우리 하나님은 부요하신 분이다. 생활의 기쁨이 다 열매는 아니다. 그것은 향락일 수 있다.

열매로서 얻는 기쁨이 분명히 있다. 그러나 내 욕심에 흡족한 것을 무조건 열매라고 생각해서는 안 된다. 그것을 분별하고 싶다면 내 욕심과 맞지 않는 상황에서 내 반응을 살피면 알 수 있다. 내가 원하는 것이 향락인지 아니면 열매인지. 내 욕심대로 되지 않았다고 지나치게 적대적이 된다면 열매가 아니라 욕심을 추구하고 있을 가능성이 크다.

열매는 100배로 맺는다. 언젠가 그렇게 되는 것을 간증하고 싶다. 정확하게 배우고 싶다. 욕심이 확장되는 것이 아니라 하나님의 뜻이 100배로 열매 맺는 것을 꼭 경험하고 싶다.

부천 모임은 기도모임으로 하기로 했다. 전도사님들이 다 학교 수업이 시작되어서 나만 가게 됐다. 편의점에 들러 평소 즐겨 먹는 대로 즉석밥을 전자레인지에 돌려서 볶음김치와 먹고, 누룽지에 뜨거운 물을 부어 후식으로 먹었다. 먹다가 묵상을 함께할 두 사람이 생각났다.

은주 간사와 혜영 간사는 영어와 음악을 가르치는 학원 선생님들이다. 그들이 아침을 먹지 않았을 것 같아서 수프를 샀다. 양송이 수프와 치즈 수프, 생강차도 샀다.

학원에 도착하니 내가 좋아하는 과자를 사놓았다. 또 학원 바닥이 차다며 내 발에 맞는 슬리퍼도 사놓았다. 그녀들은 날이 풀리면 근처 스타벅스에서 묵상모임을 하자고 했다. 삶에 지친 학부형들이 있다며 묵상모임을 함께 했으면 좋겠다고 했다.

우리는 학원 아이들이 더욱 회복되도록, 선생님들이 열매가 풍성하여 학원이 예수님의 성품과 능력과 다스림 가운데 있도록 눈물로 기도했다. 모임이 끝났으면 빨리 가는 것도 열매다. 좋은 느낌 그대로. 학원에서 나오자마자 스타벅스로 갔다. 3층 옥상까지 있는 넓은 매장이었다. 날씨만 풀리면 묵상모임을 하기에 최적의 장소였다.

우리는 스타벅스가 놓은 길로 묵상모임을 열어간다. 상해 홍커우 공원에 윤봉길 의사를 만나러 갔다가 스타벅스에서 충원과 진회와 욱일이와 묵상모임을 했었다(스타벅스는 아시아의 대도시마다 있다. 우리 묵상모임도 그 길을 따라갈 것 같다).

열매는 주인의 것이다. 주인 되신 하나님은 언젠가 시즌이 되면 열매를 확인하러 오실 것이다. 그분의 종을 보내서서(막 12:2). 세를 받았으면 농사를 지어 열매를 내는 것이 우리가 할 일이다.

열매는 내 것이 아니다. 주인이 좋은 분이라 기다려주신다고 해서 느슨한 분위기를 틈타 내 것으로 만든다면, 나는 방어하기 좋고 변명하기 좋게 남의 것을 훔치는 것이다.

정확하게 남의 것을 훔치는 거라는 사실을 알면서 훔치기는 쉽지 않다. 느슨하다 싶으면 훔쳐놓고도 스스로 합리화하거나 끝까지 변명하기 쉽다. 마가복음 12장의 포도원을 빌린 농부처럼 주인의 아들을 죽이고 포도원을 자기 것으로 만들고자 하는 상황까지 갈 수 있다.

사람이 나빠서라기보다 인간의 욕심이 스스로 합리화하면서 어디까지 갈 수 있는지를 단적으로 보여주는 것이다. 이미 우리는 그렇게 많은 일을 해왔다. 그것이 사람이고, 사람이 하나님의 것을 대하는 방식이었으니까.

하나님께 배우고 그분의 열매를 맺는 사람이라면 정확하게 주인의 것을 알고, 청지기로서 주인의 밭을 섬기며 열매를 맺고, 열매를 주인께 돌려드리며, 종의 품삯을 받는 것이 무엇인지 알아야 한다.

열매는 하나님의 말씀에 순종하며 행하는 마음 씀씀이와 말, 행실을 통해 다른 사람들이 하나님의 성품과 능력을 경험하는 것이다.

열매 맺는 훈련

열매를 맺기 위해서는 가장 먼저 하나님의 말씀에 귀를 기울여야 한다. 그분의 말씀에서 쉽게 떠나지 말고, 내 마음을 말씀에 두어야 한다. 내가 편리한 대로, 내가 유리한 대로 마음이 옮겨가서는 안 된다.

힘들지만 말씀에 귀 기울여야 한다. 상황은 급하고 복잡하다. 점점 힘들어질 수 있다. 그래서 우리 마음은 문제를 해결하고 상황을 바꾸기 위해 분주히 움직인다. 자연스러운 일이다. 그러나 하나님의 뜻 없이, 말씀의 가르침 없이 내 마음이 움직인다면 상황이 열매로 정리되지 않고, 내 뜻대로 정리된다. A/S가 많이 필요해진다.

한 집사님이 상황을 너무 영적으로만 분별하는 것 같아 힘들다고 했다. 나도 내가 너무 치우친 것이 아닌가 싶었다. 어떻게 이야기를 풀어가야 할지 하루이틀 고민을 했다. 나 자신을 돌아보았다. 그리고 성경으로 이야기했다.

아브라함이 이삭을 낳는 것은, 현실적으로는 나이 많은 아브라함과 아이를 낳을 수 없는 사라의 고민이었다. 그러나 성경은 아브라함이 이삭을 낳는 문제를 임신과 출산, 육아 문제 이전에 그의 믿음의 문제로 말씀하신다. 만약 현실적인 문제로만 받아들인다면 아이를 낳기 위해 무언가 해야 할 것이다. 이스마엘을 낳은 것과 같은 일이라도.

예수님의 십자가도 마찬가지다. 그분의 십자가 죽음을 현실적으로 보면 제자들의 배신과 바리새인, 대제사장 그리고 빌라도가 함께 만든, 누명과 모함과 억울함이 가득한 사건일 뿐이다. 그러나 예수님은 그들의 잘못을 지적하시면서도 하나님의 뜻을 위해 십자가를 지신다.

예수님은 우리 죄를 용서하시고 인류를 구원하시는 십자가라고 말씀하신다. 우리는 당연히 예수님의 십자가에 대한 정의를 믿고 순종한다.

열매를 맺기 위해서는 상황에 대한 현실적인 방법을 찾기 이전에 하나님의 뜻을 구하고 그 뜻에 순종하는 마음으로 기다리며 집중하는 시간이 필요하다. 하나님의 뜻을 구하는 마음만 있어도 이미 순종하는 것이다.

열매를 맺기 위해서는 순종이 필요하다. 하나님의 말씀에 순종하는 훈련이 열매를 맺게 한다. 하지만 내 욕심대로 사는 것에 익숙하기 때문에 하나님의 뜻을 분별하고 순종하는 것이 쉽지 않다. 내 욕심대로 되지 않는다고 화를 내거나 원망만 하지 않아도 얼마나 훌륭한가!

힘들면 방향을 바꾸지 말고 조금 쉬었다 천천히 가도 된다. 교회를 떠난 지체에게 다시 돌아오라고 통화하면서 마음이 아팠다. 돌아오지 않겠다고 했다. 같은 경험이 있는 윤기 집사에게 그와 성향이 비슷하고 같은 구역을 한 적도 있으니 연락을 해보라고 말하다가, 나는 버스 정류장에서 울고 말았다. 나이 오십에 길에서 울다니….

나를 위로하려는 윤기 집사의 말에 울컥한 것 같다. 그는 전에 내 전화를 받았을 때는 자기 뜻이 강해서 알아서 하겠다고 했는데, 혼자 시간을 보내다 보니 내 말이 생각나서 돌아오게 되었다고 했다. 자기 경험을 이미 그 친구에게 이야기해주었는데 아직은 때가 아닌 것 같다고도 했다.

윤기 집사는 내 전화도 인도함 안에 있는 것 같다며, 지금은 아니지만 언젠가 돌아올 수도 있다고 나를 위로했다. 나는 울다가 생각했다.

'아이고, 말 좀 듣지. 자기 어려운 걸 왜 남을 탓하며 다른 길로 가나? 세상에 교회가 많지만 자기 인생에 관심을 갖고

기도하며 진심으로 도우려는 사람의 말을 좀 듣지.'

그와 함께했던 추억들이 하나둘씩 스쳐 지나갔다. 부활절에 교회가 재정을 모아 그가 운영하던 카페에서 생과일주스를 만들어 나눠주며 전도했었다. 사람들은 그의 지휘 아래 즐겁게 주스를 만들었고, 아이들은 신나서 지나가는 사람들에게 주스를 나눠주었다.

또 그들 부부가 함께 여행가도록 교회에서 재정을 모아 헌금했던 일, 엄마의 날에 내 아내가 그의 아내의 도움을 받아 차를 같이 타고 다녔던 일, 엄마들이 시간을 보내는 동안 아빠들이 윤기 집사의 지휘 아래 아이들을 보면서 같이 시간을 보냈던 그 모든 일들이 순식간에 사라졌다. 허탈했다.

그는 내가 도우려 했다는 것은 충분히 알고 있다면서 교회를 떠나갔다. 요즘은 누구 말을 듣는 시대는 아닌 것 같다. 그래서 순종하라는 말도 서로 하는 분위기가 아니다. 하나님의 말씀에 순종하는 사람에게 순종을 말할 필요는 없다. 인간적인 말을 들으라고 할 필요도 없다.

그러나 하나님의 뜻을 전달하려는 말은 귀담아 들어야 한다. 성경에서도 하나님께서 사람을 통해 그분의 뜻을 전달하시지 않는가!

열매를 맺으려면 인내해야 한다. 말씀을 듣고 지키면 인내로 결실한다고 누가복음은 말씀하신다(눅 8:15 참조). 내가 제일 못하는 것이 기다리는 것이다. 나는 성질이 급하다. 그래서 버스를 기다리다 지쳐 걸어가면 어느새 버스가 지나간다. 버스 도착을 알리는 정류장의 GPS는 나 같은 사람을 위한 것이다.

내 뜻, 내가 분석한 상황보다 하나님의 뜻과 분석이 임할 때까지 기다려야 한다. 기다리면 내 뜻을 내려놓게 된다. 내 뜻에 관한 마음의 구조도 분석하고 정리하며 하나님의 뜻을 구하는 마음으로 새로워진다.

하나님의 말씀을 받고 순종하고 인내했다면 자연스럽게 마음을 사용하면 된다. 이제 내 마음은 하나님의 뜻에 순종하는 마음이다. 그 마음에서 나오는 마음 씀씀이, 말과 행동은 자연스럽게 열매가 되어 다른 사람들에게 하나님의 뜻을 드러내기 때문이다.

시험

아내의
임신

"여보…."

아내가 조용히 불렀다. 무서웠다. 그녀 선에서 막기에 어려운 심각한 일이 생긴 것만 같았다. 두렵고 긴급하고 미안한 마음으로 말할 때의 목소리였기 때문이다.

20년을 같이 살면서 아주 드문 일이었다. 나는 느슨하게 아내의 무릎을 베고 누워있다가 타는 듯한 마음으로 일어나 자세를 바르게 했다.

"왜?"

"임신이래…."

정적이 흐르고, 아무 생각이 나질 않았다.

'아, 어떻게 하지? 사실이 아니었으면….'

언제나 힘든 일은 예측할 수 없이 왔다. 갑작스럽게. 그것이 제일 무서웠다.

'아내가 이 말을 하기까지 혼자서 얼마나 힘들었을까?'

첫아이를 기르면서 우리는 아이를 기르는 것이 무엇인지 배웠다. 발달이 늦는 아이를 돌보며 병원과 센터를 다니면서 치열하게 배웠다. 정말 힘들었다.

그런데 두 아이가 커서 부모의 품을 벗어나려는 시점에 셋째 임신이라니! 마치 제대하고 나서 다시 입대한 것 같았다. 마음이 복잡하지만 일단 아내를 안고 믿음으로 기도했다.

"주님, 우리가 믿음으로 감당하기 원합니다."

강의를 하러 집에서 나와 전철을 기다리는데 눈물이 하염없이 흘렀다. 다른 사람이 알까 봐 한편에서 흐느껴 울었다. 처음에는 이유를 알 수 없는 눈물이었는데, 점점 감정이 분명해졌다.

'나 만나서 평생 고생이네. 여보, 미안해.'

한참 울고 난 후에 마음을 일으켜 세웠다.

'아내를 보호하고 가정을 지켜야 한다. 믿음으로 감당해야 한다. 막막하지만 그래도 감당해야 한다.'

마음을 굳게 먹고 설거지부터 시작해서 집안일을 도맡았다. 아내는 두 달여를 누워서 지냈다. 의사가 누워있어야 한다고 했다. 두 달이 지나자 조금 움직일 수 있었다. 그래서 아이를 낳기 전에 부산으로 가족여행을 가려고 계획을 세웠다.

월요일 아침, 아내가 병원에 가야 할 것 같다고 말했다. 임신 초기에 하혈이 있었고, 중간에도 잠깐 그런 상황이 있었다. 이번에도 금세 좋아질 거라 생각하고 평안한 마음으로 병원에 갔다. 금방 끝날 거라며 나를 안심시키고 진료실로 들어간 아내가 얼굴이 하얗게 변해서 나왔다.

"여보, 바로 큰 병원으로 가야 한대요."

병원 관계자와 구급차를 타고 아주대병원으로 갔다. 병원은 낯설고 힘든 곳이다. 두렵고 힘든데 충격적인 소식이 쉽게, 아무 느낌 없이 전달된다.

산부인과 의사는 당황한 모습이 역력했다. 왜 앉아있냐며 누우라고 했다. 아이가 바로 나올 것 같다면서. 내진을 하더니 5개월인데 아이 발이 만져진다고 했다. 의사의 표정이 아주 비관적이었다. 무언가를 알고 있는 사람이 앞으로 사태가 어떻게 진행될지 염두에 두고 말하는 듯한 표정이었다.

산모도 위험하다면서 서울에 가서 아이가 빨리 나오지 못하도록 하는 수술을 하라고 했다. 그런데 가는 도중에 출산할 수도 있으니 내게 결정하라고 했다. 여기서 아이를 낳을 것인지 서울로 갈 것인지. 나는 아내의 손을 잡은 채 병실에서 무릎을 꿇고 기도했다.

'하나님, 어떻게 해야 할까요?'

응답은 오지 않고, 긴급한 두려움이 나를 덮었다.

"여보, 어떻게 했으면 좋겠어?"

아내는 잘 모르겠다고 했다. 빨리 결정해야 하는데 무엇이 옳은지 알 수 없었다. 이게 좋은 결정이 될지 자신이 없었지만 나는 믿음으로, 그렇지만 거의 무의식적으로 말했다.

"여보, 서울로 갑시다!"

아내도 아이를 보호하는 쪽으로 하자고 했다. 의사 한 명이 동승해서 앰뷸런스를 타고 서울로 향했다. 아내의 손을 잡고 기도하며 1시간여를 달려 신풍역에 있는 병원에 도착했다.

아내는 전신마취를 하고 수술실로 들어갔다. 뭐라고 말해 주고 싶었지만 함께 울 것 같아서 아무 말도 못하고 눈빛으로만 힘내라고 말했다. 그리고 종일 봉지에 싸서 들고 다녔던 아내의 신발을 안고 수술실 벽을 붙잡고 울었다.

어떻게 해볼 수 없는 일들이 갑작스럽게 나를 덮쳤다. 내 시험에 아내가 속수무책으로 어려움을 겪고 있었다.

'나를 만나지 않았으면 평생 편하게 살았을 텐데….'

그때도 예수님이 내 옆에 계셨을 텐데, 그분과 함께였으면 좋았을 텐데 나는 시험 속에서 예수님을 찾지 못하고 홀로 시험에 맞서고 있었다.

그가 시험을 받아 고난을 당하셨은즉

시험받는 자들을 능히 도우실 수 있느니라

히 2:18

예수님은 시험을 당하셨다. 이 말씀이 내 시험과 무슨 관계가 있을까? 말씀 그대로 이해하면 예수님이 시험을 겪으셨고 그것을 이기셨기에 시험을 당하는 자들이 어떻게 감당해야 할지 잘 알고 계시며, 우리가 이기도록 도우실 수 있다는 것 같았다.

그런 이해가 합당한가? 어쩐지 내 시험과 예수님의 시험이 동일선상에서 이해되지 않았다. 나를 도우신다는 것도, 내가 도움 받을 수 있다는 것도 얼른 와닿지 않았다.

어려운 시간이 주는 유익함이 있다. 도움만 된다면 누구에게나 마음이 열린다. 나는 병원에서 만나는 간호사와 의사선생님들에게 아주 깍듯했다. 나이는 중요하지 않았다. 나는 그들의 도움이 절대적으로 필요했다.

내 문제에 예수님이 얼마나 도움이 되실지는 중요하지 않았다. 하지만 우리의 상황과 마음을 아시고, 따뜻한 마음으로 찾아오시는 그분을 만나는 것이 가장 중요하다.

세 아이가 태어나는 동안 양가에서는 아무도 오지 않았다. 첫아이를 낳고 7개월 후에 둘째를 가졌다. 둘째가 태어났을 때 우리는 첫째와 함께 병실에 있었다. 그때도 예수님은 내 옆에 계셨을 것이다. 내 마음이 두렵고 한없이 외로웠던 그때 예수님을 만나 함께 시간을 보냈다면 좋았을 것이다.

예수님의 도움은, 어려울 때 그분이 함께 계신다는 것이다. 아무도 함께할 수 없는 상황과 시간에 찾아오셔서 함께 계신다. 물론 내가 느끼지 못했어도 그분은 함께 계셨다. 그러나 내가 알고 느꼈다면 더욱 도움을 받았을 것이다. 두려움이 상처로만 남지 않고, 인생에서 가장 예수님을 절실하게 가까이 만나는 시간이 되었을 것이다.

문제가 안 생기도록 예수님이 도와주시고, 문제가 생겨도 즉각 해결해 주시면 좋겠다. 그것은 내가 원하는 도움이다. 그러나 지금은 조금 알 것 같다. 진정한 도움은 내 시험에 대해 깊이 공감하시고 불쌍히 여기시는 예수님의 이해로부터 시작된다는 것을.

그분은 우리와 같은 경험을 하셨기 때문에 우리가 어떤 상황과 마음인지 아시고 깊은 이해로 같이 있어주신다. 좋으신 예수님이 나를 아시고, 내 시험을 아시고, 나와 같이 계신다. 그 예수님을 만나고 느낄 것인가 아니면 나 혼자인 것처럼 있을 것인가?

전철을 기다리면서, 수술실 벽을 붙잡고 혼자 울 것이 아니라 예수님 옷자락을 붙잡고 울었어야 했다. 두렵고 미안한 눈물이 아니라 그분을 의지하고 위로받아 흘리는 눈물이었으면 좋았을 것이다. 그래도 분명 예수님이 주시는 위로가 있었다. 내가 느끼지 못했지만 그분은 여전히 내 곁에 계셨다.

예수님의 도움은 나와 같이 우시는 것으로부터 시작된다. 내가 도움을 받는 것은, 나를 아시고 내 시험을 아시는 예수님과 함께 우는 것으로부터 시작된다. 나는 예수님의 도움을 받을 수 있다. 그분은 내 마음을 어루만져주시고, 두렵지 않게 해주시고, 문제도 해결해주신다. 늘 배우는 것이지만, 어려울수록 예수님에게 가야 한다.

힘겨운
출산

수술은 무사히 끝났다. 하지만 아내는 퇴원할 수 없었다. 침대에 누운 채 병실로 옮겨졌다. 수술한 임산부들이 누워있는 병실이었다.

다음 날 의사선생님이 정말 힘든 수술이었다고 말했다. 아내는 침대에서 내려오지도 못했고, 나는 집에 돌아가지 못했다. 아이들에게 전화해서 상황을 알리고 아내를 돌보았다.

병실은 좁았다. 긴급한 상황이 자주 발생해 의사선생님들이 바로 올 수 있는 곳에 병실이 있다. 마침 비슷한 상황의 임산부들이 많았다. 아내 옆에 있겠다며 화장실 쪽 의자로 왔다 갔다 하면서 밤을 지새웠다. 나는 새끼를 돌보는 짐승처럼 눈에 핏발이 선 채 기도하며 아내를 돌보았다. 밤새 뜬 눈으로 기도하면서.

아침에 출근한 의사가 흠칫 놀라며 나를 피했다. 그는 지나가면서 한마디를 남겼다.

"병원은 힘든 곳이에요."

위로인가 아니면 알려주는 것인가. 아내의 상태가 겨우 조금 진정되었다. 집에 다녀와야 할 것 같아 종일 아내를 돌봐줄 간병인을 요청했다. 비용이 생각보다 비싸지 않았다. 한 달에 210만 원이면 큰돈이지만, 병실에서 아픈 사람을 종일 돌보는 비용으로는 엄청난 금액은 아니었다. 마땅히 지불해야 하는 돈이라는 생각이 들었다.

집에 와보니 전날 정신없이 짐을 싸서 병원에 갔던 상태 그대로다. 커튼이 내려져있고, 모든 물건도 그대로 놓여있었다. 나는 다시 한번 느꼈다.

'아무도 없구나….'

집을 정리하고 아이들을 기다렸다. 저녁을 먹이고 설거지를 하고 쓰러져 잤다. 아이들에게 아무 말도 하지 못했다. 그동안 늦게 잠들었던 것은 아내가 있어서 행복하게 같이 시간을 보내느라 가능했다는 생각이 들었다. 딸은 설거지하는 내 뒷모습이 쓸쓸해 보인다고 했다. 왜 딸들은 아빠의 뒷모습을 볼까….

아침을 준비해서 아이들을 먹이고 학교에 보낸 후에 집을 간단하게 정리하고 병원으로 갔다. 수원에서 서울까지는 2시간 정도 걸렸다. 그냥 병원으로 가거나 김밥을 사서 먹으며 갔다. 병원 1층에서 파는 아이스커피를 마시면 속이 시원했다. 오렌지 주스를 사서 아내에게 가져다주었다. 하나를 사서 같이 마시거나 두 잔을 살 때도 있었다.

아내의 발도 만져주고, 아내가 읽은 내 묵상노트 이야기도 나눴다. 아내가 누워만 있어야 해서 그동안 작성한 묵상노트를 한 권씩 갖다주었다. 그녀는 노트를 읽으며 마음을 지켰다. 조금만 마음을 놓치면 짜증이 일어난다고 했다. 종일 침대에 누워있어야 하고, 양수도 흐르고, 상태가 민감해서 많이 힘들어했다.

점심시간이 되면 쉬고 있던 간병인과 아내가 식사를 했다. 나는 근처 식당에서 밥을 먹고 오후에 다시 집으로 갔다. 의자에 앉아 전철 몇 대를 보냈다. 한가한 전철이 올 때까지 졸며 시간을 보냈다.

마트에 들러 저녁거리를 샀다. 양념된 소불고기와 돼지불고기를 사다가 많이 해주었다. 소불고기에서 냄새가 많이 나기에 김치를 넣고 볶았다. 아내라면 시도하지 않았을 국적불명의 요리지만 딸의 입맛에 맞아 다행이었다. 설거지를 하고 또 쓰러져 잤다.

집안일 중 가장 힘든 것은 청소였다. 특히 화장실 청소가 힘들었다. 두 번째로 힘든 것은 화분에 물 주기였다. 선물로 받은 화분 몇 개가 그동안 열 몇 개로 늘었다. 아내는 고등학교 때 적성검사에서 농부가 나왔다고 한다. 화초를 키우는 게 그녀의 적성에는 맞을지 몰라도 나는 아니었다.

딸은 중3이었다. 일반 학교가 아니라 시험을 치러야 하는 고등학교에 가고 싶다며 오래전부터 준비했다. 평소에도 딸을 충분히 돕지 못했는데, 입시를 앞둔 시기에 아내는 입원했고, 나는 살림을 도맡게 되었다. 딸에게 미안한 마음에 쉬는 날에는 도서관에 같이 갔다. 도시락을 싸가지고 가서 도서관 식당에서 같이 먹었다.

엄마를 보고 싶어 하는 아이들과 아이들을 보고 싶어 하는 아내를 위해 주말에는 아이들과 함께 병원을 찾았다. 그리고 내가 평소에 가던 식당에서 아이들과 밥을 먹었다. 그런 시간이 8주 동안이나 일상처럼 계속되었다.

의사가 아이를 낳아도 된다고 말했다. 그런데 아내는 달을 채울 때까지 누워있겠다고 했다. 의사가 인큐베이터 시설이 좋으니 아이를 낳아도 된다고 설득했다. 7개월이 되자 양수가 부족하여 결국 아이를 낳게 되었다.

그날도 오후까지는 아무 말이 없었다. 수지에 있는 교회에 오래전부터 잡혀있는 강의를 하러 가는 중이었다. 가는 도중에 빨리 병원으로 오라는 연락을 받았다. 나는 강의를 취소하고 병원으로 향했다. 아내는 힘겹게 아이를 낳았다. 나는 옆에서 아내가 고통스러워하는 소리와 의사가 힘을 주라고 재촉하는 소리를 들으며 머리를 잡고 주저앉았다.

나는 고통에 너무 약했다. 고통은 겪는다고 강해지는 것이 아니었다. 간병인이 안쓰럽게 보다가 나중에 아내에게 말했다고 한다. 남편이 주저앉더라고.

그렇게 셋째가 태어났다. 간호사가 안아보겠냐며 내게 아이를 보여주었다. 나는 괜찮다고 말했다. 간호사가 이상하다는 듯이 나를 쳐다보았다. 그러나 나는 안지 못했다. 또 무슨 일이 날 것 같아서(지금도 아이에게 조금 미안하다).

정신적으로 상황을 전혀 수습하지 못하고 있어서 손 하나도 움직일 수 없었다. 그런 와중에 담당 의사가 아이에 대해 이런저런 말을 늘어놓았다.

'아, 앞으로 또 어떤 시간을 보내게 될까?'

며칠이 지나자 아내는 퇴원했다. 아이가 인큐베이터에 몇 달간 있어야 했기 때문에 산후조리를 병원 근처에서 해야 했다. 기도하며 찾은 산후조리원은 좋았다.

인생에서 가장 잘한 일 중에 하나가 아내가 3주간 산후조리를 하도록 세 번 도운 것이다. 셋째를 낳고 조리한 곳은 영등포에 있는 산후조리원이었는데 가까이에 큰 마켓도 있고, 무엇보다 조금만 나가면 청과물 가게가 수십 개 모여있어서 좋았다. 나는 수박과 애플망고 등 과일을 사다 날랐다. 아내는 오랫동안 누워있어서 다리가 불편했다. 그런데도 조리원에 있는 동안 회복되지 않은 몸으로 매일 아이를 면회하러 갔다. 당시 유행했던 메르스(전염성 질병) 때문에 면회가 불가능하던 잠깐을 제외하고 매일 갔다. 나도 아내를 보호하며 같이 갔다. 병실 앞까지만. 그리고 아내만 들여보냈다.

나는 아내를 돌보고 싶었다. 아들은 아내가 돌보았으면 좋겠다. 나는 아이들이 무섭다. 우는 것도, 아픈 것도 무섭다. 아내는 보호자가 면회를 가지 않으면 아이들을 한쪽으로만 눕혀두는 것이 마음이 아프다고 했다.

조리를 끝내고 수원으로 와서도 매일 면회를 갔다. 나는 아무 말 없이 아내를 도왔다. 수원역까지 택시를 타고 가서 시간에 맞춰 영등포역으로 가는 신형 새마을호를 탔다. 거기서 또 택시를 타고 병원으로 갔다가 다시 수원으로 돌아왔다. 그것을 한참 동안 반복했다.

봄이 시작될 무렵 아내가 입원했고, 5월 말에 태어난 아이는 여름이 되어서야 집으로 왔다. 아내와 함께 그동안 섬겨준 분들에게 감사카드를 썼다. 나중에 보니 병원 게시판에 우리가 만든 카드가 붙어있었다.

예수님의
위로

모든 일이 순조롭게 진행된다고 느꼈을 때 갑자기 아내의 몸에 암 소견이 있다는 진단을 받았다. 의사의 말을 듣고 병원을 나오던 아내가 길가에 주저앉아 울었다. '왜 내 인생은 이렇게 힘든 거야'라고 소리 내어 말하지는 않았지만 아주 서럽게 울었다. 나는 아내를 길옆 돌 위에 앉히고 달랬다.

"여보, 아직 정확하지 않으니 낙담하지 말아요. 의사의 말이 중요하지만 하나님께서 결정하시는 것이니까요."

아내는 위로를 받지만 나는 자신이 없었다.

'그 분야에서 베테랑인 의사가 한 말보다 더 권위 있는 말이 무엇이란 말인가! 내 기도는 그야말로 내 주관적인 느낌이 아닌가?'

그래도 나는 정신없이 기도로 매달렸다. 모든 어려운 시간에 기도 외에는 방법이 없었다. 기도 중에 받은 마음이 있어서 아내와 비슷한 경우를 검색해보았다. 정말 신기하게 아주 흡사한 경우를 발견했고, 전문적인 소견도 볼 수 있었다.

인터넷 정보를 다 믿을 수는 없지만 전문가들이 수평적으로 진실한 정보를 올려놓는 경우도 종종 있다. 참 좋은 인터넷의 기능이다. 아내와 인터넷을 보면서 다소 근심에서 벗어났다. 몇 주간의 긴장 어린 시간이 있었지만 결국 암이 아닌 것으로 확인되었다.

12월은 늘 가난했다. 1995년 이후로 자비량의 삶을 살아왔으니 어느새 20년이 넘었다. 재정의 상태는 불규칙했지만 오랜 시간이 흐르니 일정한 규칙이 생겼다. 1년 중 가장 재정이 적게 들어오는 달이 12월이었다. 정확한 원인은 알 수 없지만 교회마다 자체 행사가 많아서가 아닌가 생각된다.

셋째가 태어나면서 재정이 많이 필요했다. 정말 감사하게도 하나님은 신실하게 재정을 주셨다. 그동안 모아두었던 재정도 사용했다. 가족을 돌보느라 강의를 많이 취소했고, 그러자 강의 요청도 많이 줄었다.

12월에 영락교회 청년부에서 강의를 세 번이나 부탁했다. 강의하러 갔더니 티테이블에 김밥과 믹스커피가 쌓여있었다. 이럴 때면 아주 행복하다. 모두가 찬양하는 시간에 잠깐 밖에서 믹스커피와 간식을 먹었다. 강의 전에 긴장을 푸는 시간이기도 했다.

믹스커피가 아주 맛있다. 믹스커피가 맛있으면 내 상태가 좋다고 생각한다. 마음이 높아져있으면 스타벅스 커피도 맛이 없다며 남기는데, 마음이 가난하면 작은 커피 한 잔이 소중하고 맛있다.

재래시장에 가면 믹스커피를 파는 분이 있다. 한 번도 사 먹은 적은 없지만 세상에서 가장 맛있는 커피가 아닐까 생각한다. 추운 날 시장에서 손을 데우는 믹스커피 한 잔은 삶의 소망이 아닐까 싶다. 그날 커피도 그런 맛이었다.

재정에 대한 부담감이 크고 삶이 힘든 와중에 조건 없이 먹으라고 쌓여있는 커피는 말없는 위로다. 조용히 창밖을 바라보며 감사한 마음으로 커피를 마시고 있는데 기도 중에 응답처럼 이런 마음이 들었다.

'길아! 기뻐할 수 없겠니?'

나는 강의를 하기 전에 강의에 대한 부담, 하나님을 기대하는 마음을 놓고 기도한다. 그날도 믹스커피에 대한 행복, 강의할 수 있는 것에 대한 감사로 기도하면서 하나님의 뜻을 느꼈다. 많은 생각이 스쳐 지나가며 부드럽지만 회개하는 마음이 일어났다.

상황 때문에 기뻐하라는 것이 아니라 나를 찾아오셔서 내 어려움을 함께 이해하시고 도우시는 예수님을 생각하며 기뻐하라는 뜻인 것 같았다. 감정적인 기쁨이 아니다. 상황보다 예수님을 보면서 위로를 얻는 기쁨이다. 하지만 나는 기뻐하지 못했다. 정말 외롭게 믿음으로 상황을 건디면서 지났다.

아들의
시험

"아버지, 사탐(사회탐구) 좀 도와주세요."

"그래, 도와줄게."

간단하게 대답했지만 마음은 조금 복잡했다. 아들은 나와 공부하는 것이 외롭다면서 몇 년 동안 노량진 학원에서 공부했다. 사람들과 느슨한 관계로 지내면서 학원 수강을 했다. 나름 좋은 방법이라고 생각이 되어 가만 놔두었다.

문제는 실력이 늘지 않는다는 것이었다. 모의평가를 보았는데 모든 과목이 6등급이나 7등급이었다. 아들은 화장실에 혼자 앉아서 울었다고 한다.

'내가 무엇이 될 수 있을까?'

아들의 이야기를 듣는 나도 울고 싶은 심정이었다. 아들은 학원에 다니면서 나와 함께 성실하게 사회탐구를 공부했다.

조금씩 성적이 올랐다. 하지만 아쉬움을 많이 남긴 채로 아들의 수능시험이 끝났다. 아무래도 아들이 갈 수 있는 대학은 한정되거나 없는 것 같았다.

한 집사님이 아들의 대학 납부금으로 쓰라고 500만 원을 헌금해주었다. 아내가 많이 기뻐했다. 오랫동안 기도한 모양이었다. 나는 집사님에게 아들이 대학에 못 갈 것 같다고 말했다. 집사님은 학원비라도 하라고 했다.

교회 전도사님들과 집사님들과 회의하면서 재정 이야기를 꺼냈다. 500만 원을 헌금해주었는데 받아도 되냐고. 집사님들은 기뻐하며 받으라고 권면해주었다. 자비량으로 교회를 섬기는 내게 미안한 마음을 느끼는 것 같았다. 집사님들의 마음이 고마워서 기도해보겠다고 말하고 진지하게 기도했다.

이미 내 마음이 재정 때문에 충분히 기뻐서 다시 되돌리고 싶지 않았다. 더구나 아무도 뭐라고 하지 않았다. 그런데도 마음이 기쁘지 않았다. 언제나 최종적인 기준은 '하나님께서 기뻐하시는가'이다. 어떻게 결정해야 할지 자세히 알 수 없지만, 만약 이 일을 하나님께서 기뻐하신다면 내가 모를 수 없다는 생각이 들었다.

그런데 그런 느낌이 전혀 들지 않았다. 무엇보다 큰 재정을 헌금한 집사님을 의식하는 마음이 있었다. 돈을 받으면 관계가 달라질 수 있기 때문이었다. 하나님의 뜻이 아니라 돈이 원하는 쪽으로 관계를 맺게 될지 모른다는 생각이 나를 압박했다. 결국 내가 사랑하고 좋아하는 전도사에게 연락을 했다.

"100만 원은 네가 쓰고, 60만 원은 월세를 내기 힘든 사람에게 보내면 좋겠다. 나머지는 부부싸움을 많이 하는 부부 중심으로 20만 원씩 보내라."

그가 조용하게 일을 처리하고 마지막 남은 봉투 하나를 내게 주었다. 나는 부부싸움을 그리 많이 하는 편은 아닌데…. 어쨌든 위로가 되었다. 가족과 외식을 해야겠다고 생각했다. 그런데 지방에서 올라온 후배가 눈에 띄었다. 몇 달에 한 번 우리 교회에 오는데 바로 그날 온 것이다.

"너, 혹시 헌금 받았니?"

"무슨 헌금이요?"

'아… 이것은 네 재정이구나.'

결국 받은 재정을 다른 사람들에게 모두 헌금하고 말았다. 아쉬웠다. 이런 마음을 위로하시려는 하나님의 뜻인지 평소 후원하는 조카가 100만 원을 보냈다. 연말이라 보너스를 받은 것 같았다. 역시 하나님은 위로의 하나님이셨다.

아들과 점심을 먹고 나서 아들은 버스를 타러 가고, 나는 은행으로 재정을 찾으러 갔다. 20만 원은 장모님에게 보내드리고, 나머지는 아내에게 가져다줄 생각이었다. 은행에서 일을 보는데 119에서 전화가 왔다.

버스를 기다리던 성식이가 쓰러졌다고 했다. 아들이 깨어나서 집에 간다고 하는데 어떻게 하면 좋겠냐고 내게 물었다. 나는 가까운 병원에 데려다달라고 부탁을 하고 아들과 통화를 했다.

"성식아, 힘들었지? 괜찮아. 병원에 가있으면 아빠가 금방 갈게."

병원으로 달려갔더니 아들이 응급실에 누워있었다. MRI, 뇌파검사, 심전도검사, 심장초음파검사를 받았다. 부정맥이 있어서 심장검사까지 해야 한다고 했다. 금요일 오후 내내 검사를 하며 시간을 보냈다.

아들은 어려서 열성경련으로 자주 쓰러져서 2년 동안 약을 먹었지만 그 후로는 한 번도 쓰러진 적이 없었다. 그런데 수능 준비가 힘들었는지 십여 년 만에 다시 쓰러졌다. 검사비가 80만 원이 넘게 나왔다.

토요일 오전에 신경과 의사선생님을 만나기로 했다. 충격을 받은 아들을 대신해서 나 혼자 가기로 했다. 답답함이 올라온다. 아들에 관한 것은 늘 힘들고 자신이 없다. 무슨 결론이 날지, 의사가 뭐라고 할지 알 수가 없어 걱정이 되었다. 나는 엎드려 기도했다.

"좋으신 아버지 하나님, 아들이 쓰러질 때 사람들이 가까이 있게 해주셔서 감사합니다. 구급대원이 금방 올 수 있게 해주

서서 감사합니다. 무엇보다 재정을 미리 보내주셔서 감사합니다."

자고 있는 가족들이 깰까 봐 조용조용 낮은 소리로 기도했다. 눈물이 흘렀다. 나도 나이가 든 모양이다. 아들 문제로 자주 울게 된다.

아들은 매일 아침저녁으로 약을 먹는다. 심장약도 먹는다. 그러나 우리는 슬퍼하지 않는다. 하나님을 의지하면서, 서로를 위로하면서 시간을 보낸다. 셋째를 출산했을 때보다는 나은 반응을 한 게 아닌가 위로하면서….

시험이 올 때
기뻐해야 하는 이유

성경은 시험이 올 때 기뻐해야 한다고 말씀하신다. 수많은 시험을 겪은 나로서는 선뜻 이 말씀을 이해하기 어렵다.

'시험이 오면 괴롭고 힘든데 왜 기뻐하라는 것인가?'

말씀은 진리이니 믿어야 하지만 아무래도 내 삶과 차원이 다르다. 맞는데 따라갈 수 없을 때가 있다. 시험을 기뻐하라는 말씀은 늘 순종하기 어려웠다.

내 형제들아

너희가 여러 가지 시험trials을 당하거든

온전히 기쁘게 여기라

약 1:2

여러 가지 시험, 다양한 시련에 대해 다 기뻐해야 한다는 것이다. 나는 그동안 정말로 많은 시험을 당하면서 말씀을 머리로만 이해하는 것이 아니라 삶으로 경험했다. 왜 시험이 올 때 기뻐해야 하는지를 배웠다.

시험이 오면 우리 마음은 몇 가지 반응을 하게 된다. 일반적으로 광야에서 물이 없어 하나님을 원망했던 이스라엘 백성들과 같은 마음이 든다. 내게 다가온 시련에 대해 누군가를 희생양 삼아서 원망하고 싶은 것이다. 물론 그 원망의 뿌리가 하나님을 향할 경우가 많다.

'왜 이런 일이 생겼을까? 내가 무엇을 그렇게 잘못했는가? 믿을 수가 없구나.'

시험은 우리를 원망하게 하고, 믿음을 약하게 만들어 죄에 빠지도록 유혹하는 것인지도 모른다. 그래서 시험은 유혹 temptation이다.

내 상황에 대해 화가 나있는 것을 원망이라고 하기에는 무리가 있다. 원망은 누군가를 향해 책임을 떠넘기고 믿음의 내용에서 벗어나기로 결정하는 것이다. 믿음에 문제가 생긴 것이 내 책임이 아니라, 나를 시험에 들게 한 상황을 제공한 사람(혹은 하나님)의 책임이라고 생각하면서.

시험에 든 사람은 자신을 돌아보지 않는다. 항상 어떤 상황과 사람이 잘못이라고 생각한다. 시험이 오면 우리 마음은 쉽게 원망으로 움직인다.

다행스럽게도 원망하지 않는 사람들이 있다. 정말 좋은 사람들이다. 그러나 마음은 무겁고 기분은 가라앉는다. 하지만 원망을 하지 않는 것이 어디인가. 이 정도만 되어도 돌보기가 아주 쉽다. 그가 나를 원망할 염려가 없기 때문이다.

시험에 제대로 들면 정말 여러 가지 생각을 하게 되는데 그 중 하나가 도우려는 사람에 대한 원망이다. 좋은 마음으로 도우려다가 원망을 들으면 같이 시험에 들어서 하나님의 뜻을 이루지 못하게 된다.

시험은 강력한 영향력이 있다. 만사가 귀찮아지고 같이 원망하게 된다. 그래서 지혜가 필요하다. 자신을 잘 방어하지 못하고 좋은 마음으로만 달려가면 같이 시험에 들 수 있다.

시험이 와서 기분은 가라앉지만 원망하지 않는 사람들은 금방 시험을 분별할 수 있다. 그런 경우는 감동이 크다. 그동안 잘 분별하지 못해서 많이 시달렸는데, 시험임을 알고 대응하는 방법을 생각하면 쉽게 시험에서 벗어난다.

원망만 하지 않는다면 시험을 쉽게 분별하여 금방 마음의 평강을 찾을 수 있다. 그러면 문제를 어떻게 다루어야 할지 지혜를 받는다. 또한 믿음이 한 단계 성장하는 기쁨도 경험할 수 있다.

시험이 올 때 성경의 가르침대로 기뻐하는 경우가 있다. 감정적인 기쁨이 아니다. 시험을 겪고 있어서 마음이 힘들기 때문이다. 처음 무거운 것을 들면 힘들지만, 계속 들다 보면 힘이 길러져서 나중에는 가볍게 들게 되는 기쁨이라고 할까?

　우리 집 늦둥이는 잠을 많이 자지 않는다. 새벽에 깨어서 엄마에게 자기 옆에 앉아있으라고 한다. 떼를 쓰며 울기도 한다. 그때 짜증내며 아이를 대할 수도 있고, 즐거움으로 대할 수도 있다. 아내는 "엄마가 옆에 있으니 괜찮아"라며 달랜다. 한참 동안 안아주고 재워서 누인다. 아무 일도 아닌 것처럼 지나간다. 사랑이 우리를 보호한다.

　시험을 어떻게 대하느냐에 따라 다른 결과가 나타난다. 힘들고 익숙하지 않은 시험을 겪으면서도 내적인 역량이 성장하여 상황을 잘 감당하는 데서 오는 기쁨이 있다. 시험이 우리를 그렇게 만든다. 그래서 시험이 오면 기뻐해야 한다.

시험을 기쁨으로 **생각할 때** 오는 유익

시험이 온다는 생각이 들면 나는 생각을 멈춘다. 아니, 생각을 거절한다는 표현이 더 적절한 것 같다. 시험이 주는 생각을 거절하고 이렇게 외친다.

"시험은 기쁜 일이고, 이 일을 통해 우리는 더 성장할 것이다. 사람들에게 시험에 대해 더 잘 설명할 수 있을 것이고, 그들은 더 강건한 믿음으로 시험을 분별하게 될 것이다!"

함께 시험을 분별하고 성장하는 즐거움이 있다. 사람들이 스스로 시험을 분별하면서 대응력을 가질 때, 사역하는 사람은 정말 행복함을 느낀다. 아주 보람차다.

사람들이 속지 않고 분별하면서 진실한 믿음으로 생각과 행동을 할 때, 하나님의 뜻을 따라 함께 싸우는 군대가 된 것 같은 느낌이 든다. 비로소 신뢰가 생긴다.

예전에는 좋은 사람, 착한 사람을 믿을 수 있다고 여겼고, 내가 좋아하거나 나를 좋아하는 사람과 즐겁게 일할 수 있다고 생각했다. 그러나 많은 일을 겪으면서 모든 관계는 시험을 겪게 되고, 그것을 통과한 관계여야만 믿을 수 있음을 알게 되었다. 왜 노련한 목회자들이 사람을 쉬이 받지 않는지도 알게 되었다. 시험이 오면 누구나 변하기 때문이다.

가장 마음 아픈 것은 도와달라고 해서 조건 없이 도와주었는데 원망하며 떠나가는 경우다. 정말 상처가 된다. 그래서 아무도 안 도와주게 되었는가? 아니다. 시험을 염두에 두면서 관계를 맺고 진행하게 되었다. 아무리 좋은 사람, 좋은 관계여도 항상 시험이 있을 것을 생각하면서 사역을 했다. 그러자 재미는 없지만 단단함이 생겼다.

시험이 오는 것을 기쁨으로 감당하면, 원망하지 않게 된다. 그것이 가장 큰 유익이다. 시험은 자꾸만 원망으로 사람을 끌고 가려고 하기 때문에 기뻐하기로 결정하면 원망의 시도는 실패한다.

시험이 오면 우리의 생각은 평강을 잃고 복잡해진다. 원망으로 가는 길목에서 수많은 생각을 하게 되는데, 주로 시험이 주는 상황 자체에 몰입된다. 시험은 괴롭고 불편한 것이기에 우리의 생각과 마음 또한 그런 상태에서 끝없이 진행된다.

어떤 사람의 말 한마디, 나를 향한 표정, 상황이 어떻게 진행될지에 대한 불안 등이 뒤섞이면 다른 사람들이 나를 판단하며 서로 네트워킹 되는 것이 아닌가 싶어서 괴로워진다.

당연히 생각의 흐름은 이런 상황에서 벗어나려면 어떻게 해야 좋을지 수많은 대응논리를 개발하고, 그 속에서 사람들을 살피게 된다. 만약 여기서 시험의 관점으로 상황을 파악하고 내 편을 찾으려 시도한다면, 시험은 본격적으로 공동체의 문제가 될 것이다.

그러나 시험이 올 때 기뻐하기로 결정하면 원망의 길목에서 진행되는 수많은 불편한 생각들로부터 자유롭게 된다. 순식간에 임하는 마음의 자유는 실로 놀랍다. 죽을 것처럼 시달리던 마음이 한순간에 자유로워지며 즐거움이 회복된다.

내 형제들아

너희가 여러 가지 시험을 당하거든

온전히 기쁘게 여기라

약 1:2

원망이 사라진 마음으로 상황을 보면 상황이 아주 작아져 있음을 발견하게 된다. 거기에 '어디 한번 감당해보자'는 즐거움으로 마음이 바뀐다면 시험이 주는 영향력은 매우 작아진다. 신경 쓸 일이 별로 없을 만큼 문제가 문제로 보이지 않게 된다. 별 문제도 아니고 아무도 신경 쓰지 않는데 내 마음만 괴롭고 힘든 경우가 태반이다. 시험에 든 마음으로 상황과 사람을 대하면 정말 작은 일도 크게 만들게 된다. 실제로 문제가 있는 경우라도 원망에서 벗어나 즐거운 마음으로 문제를 대하면 문제가 작아지고 쉽게 해결되는 경우가 많다.

만약 실제로 무언가 문제가 일어난 것이 아니라 내 안에서 괴로운 마음으로 일어난 추측이라면 정말 아무것도 아니라는 것을 알아야 한다. 대부분의 시험은 괴로운 마음에서 일어난 추측인 경우가 많다.

원망과 실제 상황을 구분해야 한다. 문제를 작게 만들어야 한다. 문제를 키운다는 느낌을 알 것이다. 우리 삶에 그런 경우가 많기 때문이다. 문제를 키우는 대부분의 경우는 내 마음 안에서 상황과 사람들로부터 오는 시험의 시도를 통제하지 못하기 때문이다.

시험을 기뻐할 때 시험을 통해 무언가 배울 수 있는 유익을 얻는다. 원망이 사라진 마음으로, 추측의 괴로움이 사라진 마음으로, 평강과 자유로운 마음으로 기도할 수 있다. 그러면 문제 해결에 대한 지혜를 받을 수 있다.

너희 중에 누구든지 지혜가 부족하거든

모든 사람에게 후히 주시고

꾸짖지 아니하시는 하나님께 구하라

그리하면 주시리라

약 1:5

그러나 시험에 마음을 빼앗기면 지혜가 사라진다. 예수께서 주시는 지혜를 받을 수 없다. 지혜가 사라진 마음은 단순히 지혜가 없는 마음이 아니라, 원망과 추측에 영향을 받은 마음일 수 있다. 누가 자신의 마음을 알겠는가. 그러나 평강과 자유는 분명하게 느낄 수 있다.

그렇게 기도하면 반드시 소망의 약속을 받는다. 이 문제를 어떻게 하실지 그리고 이를 통해 내가 무엇을 배우고 강건해질 것인지도 기도 가운데 소망의 약속으로 받게 된다.

part 2

시험
매뉴얼

일단 하나님께 집중하여 그분의 뜻을 받고, 시험에
주목하여 대적하라. 시험이 의도를 달성하고 있을 때
와 시험이 물러갔을 때는 하늘과 땅만큼이나 차이가
있다.

시험
매뉴얼1
_속임

시험하는
자가 있다

성경은 분명하게 시험과 시험하는 자가 있다고 말씀하신다. 마태복음은 예수님이 40일 동안 금식하신 뒤에 성령에게 이끌리어 광야로 가서서 시험하는 자에게 시험을 받으셨다고 말씀하신다.

> 그때에 예수께서 성령에게 이끌리어
> 마귀에게 시험을 받으러 광야로 가사…
> 시험하는 자tempter가 예수께 나아와서 이르되
> 네가 만일 하나님의 아들이어든 명하여
> 이 돌들로 떡덩이가 되게 하라
>
> 마 4:1,3

우리를 시험에 빠트리려고 유혹하는 악한 원수의 또 다른 이름은 "시험하는 자"이다. 시험은 우연히 일어난 불행한 사건이 아니라 우리의 믿음이 약해지도록 유혹하려는 의도가 있음을 알아야 한다.

우연한 사건으로만 여기면 시험하는 자의 의도를 짐작할 수 없을 뿐더러 분별력이 현저히 떨어진다. 이때 염려하거나 두려워하지 말고 믿음으로 대적하여 시험을 물리쳐야 한다.

헬라어 "페이라조"는 개역성경에 "시험"이라는 한 단어로 번역되어있지만 영어성경(ESV 참조)에는 "test", "temptation", "trial" 등으로 번역되어 있다.

요한복음 6장 6절에서 예수님이 빌립을 시험^{페이라존}코자 하심은 "test"로 번역된다. "여러 가지 시험^{페이라스모이스}을 당하거든 온전히 기쁘게 여기라"(약 1:2)는 구절에서는 "trial"로, "사람이 시험^{페이라조메노스}을 받을 때"(약 1:13)라는 구절에서는 "tempted"로 번역된다.

하나님께서 아브라함을, 예수님이 빌립을 시험하셨을 때 아브라함과 빌립은 모두 하나님의 기적과 신실하심을 경험했다. 그 결과 하나님을 향한 믿음이 더욱 강건해졌다. 하나님께서는 악에게 시험을 받지도, 악으로 시험을 하지도 않으신다.

사람이 시험^{tempted}을 받을 때에

내가 하나님께 시험^{tempted}을 받는다 하지 말지니

하나님은 악에게 시험^{tempted}을 받지도 아니하시고

친히 아무도 시험^{tempted}하지 아니하시느니라

약 1:13

우리는 원수가 주는 시험, 유혹, 즉 temptation에 속아서는 안 된다. 우리의 원수 곧 시험하는 자는 우리의 믿음을 약화시켜 원망하게 하고 신앙을 무너뜨리는 존재이다. 그러므로 우리를 유혹하는 시험과 시험하는 자가 있다는 것을 염두에 두고 믿음을 지켜야 한다.

어느 날, 부장검사라는 사람에게 전화를 받았다. 조금 떨렸지만 곧바로 마음에 안정이 찾아왔다. 그의 목소리가 부드럽고 겸손해서도 그렇지만 전화를 한 이유가 모임에 와서 강의를 해달라는 것이었기 때문이다.

진짜 부장검사에게 전화를 받으면 마음이 차분해진다. 만약 검찰청을 사칭한 보이스피싱 전화를 받으면 한없이 부담스러울 것이다. 진짜 부장검사는 속이려는 의도가 없기에 목적을 금방 말하고, 상대가 놀라지 않도록 오히려 더 조심한다.

반면에 보이스피싱은 상대가 정신을 차리지 못하도록 협박

과 압박을 가한다. 사실 정신을 차리고 들으면 말도 안 되는 소리지만 속이려고 압박하는 분위기에서 들으면 마음이 혼란스럽고 힘들어진다.

그때 아주 희미하게나마 '보이스피싱이 아닐까?' 하는 생각이 들면 결과가 전혀 달라진다. 압박을 느끼지만 마음은 이미 확인하려고 들기 때문이다. 단 한 번의 희미한 확인도 없을 때, 속임은 의도를 달성한다. 그러나 '이상한데?' 하는 마음으로 확인해보려고만 해도 시험은 아주 쉽게 물러간다.

그래서 사기를 치는 사람들은 상대가 가장 두려워하고 정신을 차리지 못할 것 같은 주제로 압박한다. 그러나 아무리 심각하고 압박이 심해도 조금만 확인하려 들면 보이스피싱의 효과는 완전히 소멸된다. 전화를 끊으면 아무 일도 없는 편안한 일상으로 돌아갈 수 있다.

시험이 그 의도를 달성하려면 자신이 시험이라는 것을 숨겨야 한다. 따라서 시험에 들지 않으려면 '혹시 이것이 시험이 아닌가?' 하는 마음을 가져야 한다.

갑자기 삶에 일어난 어려운 일들로 마음이 상했다면 시험이든 아니든 힘들기는 매한가지라고 생각할 수 있다. 그러나 그것을 아는 것과 알지 못하는 것은 그 결과가 하늘과 땅만큼이나 큰 차이가 있다.

진실한
대화

내가 아주 멀리 설교하러 갔을 때, 교회 집사님들에게서 세 통의 메일이 왔다. 제원이는 내 안부를 걱정하는 유일한 메일을 보냈다. 그는 착한 사람이었다. 나는 개척하는 내내 그에게서 위로를 많이 받았다. 나를 늘 신실하게 대해주었고, 내 뜻을 거스르거나 반대하지 않았다. 목사를 기쁘게 하는 사람이었다.

그는 월세를 살고 있다. 현재 한국에서 자산을 형성하려면 부모의 도움이 필수적이다. 일반적으로는 자식이 결혼할 때 부모가 전세금을 지원해주는 것이 자산의 토대가 된다. 그는 지원을 전혀 받지 못했고, 자신이 번 돈도 주로 가족을 위해 사용했다. 가족 중에 그가 의미 있게 돈을 버는 유일한 사람이었다.

그는 결혼하면서 융자를 받아 집을 마련했고, 아이 둘을 낳고 기르며 반전세에서 살고 있었다. 내가 자산이 얼마나 되냐고 걱정스레 묻자 "없습니다"라고 담담히 말했다. 아주 오래전, 가족들을 위해 헌신한 그를 도와달라고 내가 기도했을 때 그의 표정을 잊을 수가 없다.

그는 가족들을 위해 재정을 사용하느라 자신을 위해 아무것도 준비하지 못한 것을 당연히 여겨서 어떤 마음도 없었다. 하지만 하나님께서 그것에 대해 그를 긍휼히 여기심을 처음 느낀 사람으로서 나는 조금 울컥했다.

그런 제원이 시험에 들었다. 명신교회를 개척하면서 지금까지 계속되는 시험은 교회 지도자들이 안정적인 2인자가 되고 싶어 하는 것이었다. 그도 예외는 아니었다. 교회가 세 개로 나뉘었을 때, 나는 그와 아주 소수의 사람들과 신촌의 한 장소를 빌려 조용히 예배를 드렸다.

그러자 제원이 부부가 전에 없이 교회문제에 관심과 생각이 많아진 듯했다. 아무리 사람이 귀해도 나는 그런 것을 결코 받아들이지 않았다. 그들 부부에게 전화를 해서 그 어느 때보다 조용한 목소리로 분명히 말했다.

"요즘 교회 일에 너무 많이 신경을 쓰는 것 같다. 왜 훈련을 팽개치고 갑자기 교회 일에 관심을 갖는 거니?"

두 사람은 공손하게 알았다고 답했지만, 나는 그들이 걱정되었다. 내 경험으로 보면 이런 시험은 아주 오래가고, 결국 교회를 떠나는 경우가 많았다. 아니면 시험에 들어서 죄가 나오든지.

무엇보다 나 자신을 신뢰할 수 없었다. 나는 시험을 두려워하고 있었고, 그때는 지금보다 훨씬 능숙하지 못했다. 더군다나 내가 보기에 당시 교회는 모든 사람들이 시험에 들어서 넘어지기도 하고, 각자 옳은 대로 행하여 누구의 말도 듣지 않는 상황이었다.

오랫동안 함께 훈련해왔는데 2인자 노릇을 하려다 넘어진 사람들이 생긴 뒤로는 다들 훈련을 팽개쳤다. "훈련해도 넘어지는데 무슨 의미가 있나요?"라고 하며 더 이상 말을 듣지 않았다.

몇 번의 경험을 통해 기도해야 한다는 생각이 들었다. 제원이를 위해 기도했다. 시험이 물러가도록. 또한 나를 위해 기도했다. 시험에 들지 않도록, 다만 악에서 구해주시도록⋯. 내 전화 목소리가 떨렸다.

"제원아!"

"예, 형님."

"지금 교회 상황을 네가 잘 알 것이다. 사람들이 2인자 노릇하려고 경쟁하다가 결국 넘어졌다. 내가 그런 것이 아니라고 그토록 말했지만 말을 듣지 않다가 그렇게 되었다. 이제

너마저 넘어지면 교회는 어떻게 되는 것이냐…."

눈물이 흐르고 목이 메었다.

"너마저 넘어지면 우리는 어디로 가겠냐? 제발 넘어지면 안된다. 제원아, 말 좀 들어라."

나중에 제원에게 들은 말로는 그도 울었다고 한다. 나는 울지 않으려고 했다. 자존심이 허락하지 않았다.

'왜 내가 이 고생을 하나? 사례를 받는 것도 아니고, 돈을 써가며 사람들을 섬겼는데 왜 내가 사정해야 한단 말인가?'

그러나 마음과 다르게 눈물이 흐르고 목이 메었다. 많이 괴롭고 힘들었다.

그날 이후로 제원이는 교회에서 눈에 띄게 조심했다. 그러나 우리 관계는 과거처럼 따뜻하고 행복하지 않았다. 그가 나를 부담스러워했고, 나도 마찬가지였다.

작은 일들이 커졌다. 점차 아이들 학교 문제가 걸렸다. 제원이는 아이들을 좋은 기독학교에 보내고 싶다고 했다. 나는 막을 수 없다는 것을 알았다. 자녀 문제에 관해서 부모의 의견을 존중하지 않으면 관계가 지켜지지 않기 때문이었다.

제원은 '하나님께서 아이들을 좋은 학교에 보내는 것을 싫어하시는 건 아닌가?' 하는 생각이 들었다고 했다. 자신의 마음을 돌아보고 진실하게 말하지만 나는 추측할 수 있었다.

'내게 다 하지 않은 말이 있는 건 아닐까? 하나님 앞에서 자신의 마음을 돌아보았는데 왜 내가 부담이 될까?'

나중에 그는 아이들 등교 문제로 차를 한 대 더 사면서 내가 의식되었다고 했다. 그렇다. 나는 이렇게 말했을 것 같다.

"제원아, 차가 정말 필요했구나. 그런데 잘 감당할 수 있겠니? 자산을 모아야 할 텐데…. 기도할게."

나는 그가 하나님께 재정을 많이 받고 부요하게 되기를 진심으로 바란다.

제원 부부는 아이들을 기독학교에 보내기 위해 학교가 있는 교회로 갔다. 나는 충분히 이해했다. "주일 오후에 가족과 같이 예배를 드린다고 하니 오전에 올 수 있으면 너만이라도 오면 좋겠다"라고 말한 것이 전부였다.

그는 오전에 신촌에서 예배를 드리고, 오후에는 그 교회에서 가족과 예배를 드렸다. 금요일 저녁에 우연히 전화를 했다가 그 교회 기도모임에 간다고 하기에 좋은 시간 보내라고 격려도 해주었다.

혹시 우리 교회에 오고 싶으면 언제든 아이들과 오면 된다며 부담을 덜어주었다. 쌍둥이 중에 한 명이 그 학교에 입학을 했고, 정말 그 학교가 필요했던 아이는 일반 학교에 가게 됐다.

시간이 지난 후에 제원과 시험에 대해 자주 이야기하게 되었다. 그와 내게 시험이 올 때, 우리는 처음으로 시험이 이기지 못하도록 믿음으로 감당한 것 같다. 시험 기간 내내 비교적 진실하게 대화하며 시험을 분별했다. 시험 그 자체와 서로를 인내하면서.

시험인 줄 모르고 속으면
나타나는 일들

　시험인 줄 모르고 속으면 시험이 아니라 시험이 만든 상황에 집중하게 된다. 제원이는 교회의 상황과 담임목사인 내가 어떻게 일을 처리하는지 보았다. 만약 시험이 왔다면 담임목사의 일 처리가 합당하지 않게 느껴질 것이다.

　합당하지 않은 정도가 아니라 내가 제원이를 견제하거나 인정하지 않는다는 추측이 생길 수 있다. 나 또한 제원이의 반응과 사람들의 반응, 교회의 상황만 보며 "교회가 어려운데 무슨 생각을 하는 거냐"라며 화를 낼 수 있었다. 그러나 다행히 몇 번의 일을 겪으면서 시험의 의도대로 가지 않았다.

　아무리 합당한 이유가 있어도 어려운 마음으로 추측이 일어나면 '지금 시험이 왔구나'라고 생각해야 한다. 사람이나 상황을 보면서 마음이 어렵다면 시험에 노출되어 있을 가능성이 높다. 아무리 내 생각이 객관적이고 정확해도 어려운 마음으로 사람과 상황에 집중한다면 길을 잘못 든 것이다.

사람과 상황에 집중되어 어려운 상태에서 나오는 마음 씀 씀이와 말과 행동은 결코 문제를 해결해주지 못한다. 반드시 하나 됨이 깨어지거나 상처를 받는다.

제원이와 나는 교회의 상황이나 우리의 어떠함보다는 시험 자체에 대해 더 많은 말을 했다. 착한 제원이는 충분히 이해가 되지 않았을 것임에도 일단 내 말을 들어주었다. 물론 나도 기도를 많이 하고 응답받은 마음으로 말했다. 아무리 지혜를 짜내어 말해도 시험을 분별하지 못하고 상황과 사람에 대해 말하면 상황이 정리되지 않는다.

시험에 속으면 하나님을 향한 집중력이 현저히 약화된다. 어떤 아내가 남편의 재정에 대한 태도로 인해 마음이 상했다. 오랜 시간 어려움을 겪었지만 시험을 분별하면서, 남편을 사랑하고 인정하고 섬겨보기로 다시 결정했다. 그런데도 계속 재정 문제가 발생하자 다시 마음이 어려워졌다.

시험이라고 생각하지 못하면 남편을 판단할 내용이 나타난다. 그를 향한 마음은 더욱 어려워지고, 시험은 의도를 달성하게 된다. 남편과 재정에 마음을 빼앗겨 하나님의 뜻을 알 수 없게 된다. 상황이 어려워도 하나님의 뜻을 구하고 기도하며 믿음으로 대처해야 함을 놓친다.

아내도 시험에 드는 것이다. 명백한 사실들이 계속 드러나기 때문에 더욱 마음을 놓친다. 무슨 일이 일어나든 남편을 사랑하는 마음에서 벗어나게 하는 것은 일단 받아들이지 말아야 한다. 믿음에서 떠나 소망을 잃어버리고 상황에 압도되어 서로를 원망하는 것을 막아야 한다.

상황을 좋게 만들거나 시험에 든 사람이 빨리 믿음으로 돌아오도록 할 수 없을지라도 같이 시험에 드는 일은 피해야 한다. 시험인 줄 깨닫지 못하고 속으면 같이 시험에 든다. 그러면 누가 시험이 물러가게 기도하며 가정을 회복케 할 수 있겠는가?

나는 제원이가 어떤 결정을 하든 판단하지 않았다. 오직 인정하고 지원하고 도왔다. 그의 결정의 기반 위에서 도울 일을 생각했다. 제원이의 결정에 대해 생각하면 집중력을 잃고 사람과 상황이 보일 수 있다.

일단 하나님께 집중하여 그분의 뜻을 받고, 시험에 주목하여 대적하라. 시험이 의도를 달성하고 있을 때와 시험이 물러갔을 때는 하늘과 땅만큼이나 차이가 있다.

욕심대로 하고 싶은 유혹

허 집사는 오랫동안 NGO단체와 선교단체에서 간사로 사역했다. 선교부에서 일했고, 제자훈련학교 책임자로서 사람들이 제자로 살도록 훈련시키기도 했다. 나는 그가 선교단체 사역을 마쳤을 때, 당연히 신학교에 진학할 줄 알았다. 선교사로 나가고 싶어 했기에 그에게 신학이 필요하다고 생각했다.

하지만 그는 신학보다는 일을 배우고 싶어 했다. 선교지에서 비즈니스 모델로 사역을 해보고 싶다고 했다. 물론 대부분의 남은 선교지에는 선교사라는 공식 직함보다는 비즈니스 모델이 훨씬 효과적이다. 그래서 그는 바리스타 교육을 받기 시작했다. 나는 그가 훈련받는 교육장 근처에서 묵상모임을 하고, 그를 바래다주며 격려했다.

"네가 지금 하는 일은 나도 꼭 해보고 싶은 일이야. 평신도로서 직장에서 사역을 하며 선교지에서 선교를 감당하는 멋진 모델이 일어났으면 좋겠다."

보통은 일단 직장을 잡고 나서 문제가 생기면 제자훈련이 시작된다. 그런데 그는 이미 다른 사람을 제자 삼는 삶을 살았고, 충분히 훈련되어서 세상으로 나아가기 때문에 기대가 컸다.

제자로 훈련된 사람이 세상에서 어떻게 살아가는지 우리는 흥미롭게 같이 지켜보기로 했다. 그는 바리스타 교육을 마치고 유명한 프랜차이즈 카페에 취직을 했다. 우리의 묵상모임은 자연스럽게 그의 직장 근처로 옮겨갔다.

매장 직원이 부족해서 그가 단시간에 많은 일을 감당해야 했기에 바쁘게 일을 익힐 수밖에 없었다. 그가 처음 겪은 일들은 회사 내 관계의 흐름 안에서 어느 편에 설 것인가 하는 문제였다. 그는 어느 편에 서지 않고도 일을 감당할 수 있는 내면의 훈련이 된 사람이어서 비교적 쉽게 어려움을 이겨냈다.

문제는 점장이었다. 어느 날은 직원들을 따뜻하게 대하고, 어느 날은 비인격적으로 괴롭혔다. 이전 같았으면 허 집사가 많이 힘들어했겠지만, 지금은 사람을 대하는 데 훈련이 되어 있었다. 더구나 그는 단지 일자리를 찾아 입사한 것이 아니었다. 제자로 살기 위해 바리스타 일을 배우고, 직장에서 사역을 하고 있는 중이었다.

회사에서 조금 힘들어도 모임에서 몇 마디 말만 주고받으면 금방 문제를 정리하고 회복했다. 그런데 어느 날 그가 약간 낙심한 모습을 보였다. 일을 빨리 배워야 하는 상황이어서 몇 개월이 지나야 배울 일을 회사에 들어가자마자 배우다 보니 지적을 많이 받았다.

그날도 점장은 음료를 만드는 허 집사의 실수를 지적했다. 그는 전과 다르게 한마디도 지지 않고 대답했다고 한다. 그러고 나서 그에게 찾아온 것은 허탈함이었다.

우리의 씨름이 혈과 육에 관한 것이 아닌데 자신이 오랫동안 혈과 육의 씨름을 했다는 것을 깨달았다. 그러다 보니 결국 폭발한 것이다. 아마도 그의 성격상 아주 차분하게 이야기했을 것이다. 그는 많이 힘들고 지쳐있었다.

그는 자기가 점장의 인격이나 회사의 분위기로만 파악한 부분이 있다는 것을 깨달았다. 시험이 있었을 것이고, 시험을 분별하여 대적했어야 하는데 회사 내에서 관계와 일로만 대한 것이다. 그러다 보니 사람과 상황에 집중하여 반응하게 되고, 시험의 의도에 노출된 것이 아닌가 하는 생각이 들었다.

그가 훌륭한 것은 거기에서 멈추지 않았다는 것이다. 자신이 시험에 노출된 주요한 원인 중에 하나가 자신 안에 있는 '사람을 의지하고 사람에게 인정받고 싶은 욕구'가 반응한 측면이 있음을 깨달았다.

훈련이 되어있지 않으면 시험에 속아서 그 의도에 넘어간다. 그러면 죄가 나온다. 시험하는 자가 넘어지게 만들고는 시험에 넘어졌다고 정죄하는 안타까운 상황에 놓인다. 우리의 원수는 정말로 악한 존재이다.

그는 점장을 포함한 다른 직원들이 자신을 괴롭힌 것이 아니라 아직 일이 익숙하지 않은 자신을 도우려고 한 것이 진실이라고 나누었다. 이것은 웬만큼 훈련된 사람이 아니고서는 할 수 있는 고백이 아니다.

그는 현실적으로 자기를 힘들게 하는 사람에 대한 감정에 집중하기보다 자기가 배우고 새롭게 해야 할 마음의 내용을 살피고 사람과 상황을 향한 생각을 바꾸고자 했다.

그는 실험을 계속하고 있다. 무언가 의지할 데가 없고 쓸쓸함을 느낄 때 사람을 찾는 것과 사람에게 인정받고 싶은 마음에서 움직이는 것을 내려놓겠다고 말했다. 사람들이 자신을 괴롭힌다고 생각했지만 진실이 무엇인지 분별하고 그 진실을 마음의 중심에 놓겠다고도 했다.

그는 자기 마음대로 생각하고 대응하고 싶은 유혹을 이겨내고, 시험이 의도하는 대로 반응하지 않으며, 시험을 분별하고 믿음으로 사역하는 것을 세상 한가운데서 훈련하고 있다.

그러나 훈련된 사람에게도 직장은 힘들다. 무엇보다 그는 사역을 하면서 느꼈던 즐거움을 아직 직장에서 느끼지 못하고, 교회에서도 직장 일 때문에 약간 겉도는 것 같은 상실감에 시달리고 있었다. 선교지는 부르심이고 직장은 부르심이 아니라는 생각, 일 그 자체로 부르심을 판단하는 시달림에서도 충분히 자유롭지 못하다.

하지만 나는 확언할 수 있다. 그는 지금 우리 중에 가장 어려운 삶을 선택했으며, 제자로서 훌륭하고 모범적인 삶을 살고 있다고. 그는 세상에 나가서 사람을 낚는 어부로서 어떻게 살아야 할지 치열하게 고민하며 투쟁하고 있다.

오직 각 사람이 시험을 받는 것은
자기 욕심에 끌려 미혹됨이니
욕심이 잉태한즉 죄를 낳고
죄가 장성한즉 사망을 낳느니라
내 사랑하는 형제들아 속지 말라

약 1:14-16

시험에 속아서
죄가 나온다

10년 이상 돌봐온 동생들이 있다. 비록 삶의 문제가 있었지만 정성을 다해 도왔다. 학자금 융자 받은 것을 갚지 못할 때 돈을 모아 그 중 금리가 높은 것을 갚아주기도 했고, 삶이 잘 풀리도록 진실로 기도해주었다.

다행스럽게도 그의 삶이 잘 풀려서 학교 연구실에 취직이 되었다. 그런데 박사과정을 마치고 교수가 되고 싶었지만 자리가 생기지 않자 지도교수를 원망하며 심각한 죄 가운데 있었다.

그는 대학교 연구실에 조교로 취직이 되어서 처음에는 춘천에서 일하다가 나중에는 평택으로 학교를 옮겼다. 소원대로 교수가 되지는 못했지만 대학교에서 연구원으로 일할 수 있어서 다행이었다. 월급도 적지 않게 받는다고 했다.

어느 날, 그가 기도를 부탁했다. 전공과 관련된 회사에서 정규직원을 뽑는다고 했다. 경쟁률이 높았고, 다들 그보다 학벌이 좋았다. 그가 "이럴 때 하나님이 합격시켜주시면 제자로 더 열심히 살 것 같아요"라고 지나가는 말처럼 이야기하기에 더욱 간절히 기도했고, 그는 합격했다. 이제 결혼만 하면 될 것 같다며 함께 기뻐했다.

그런데 어느 날부턴가 자기가 아는 형이 교수가 되었다면서 낙담하기 시작했다. 더욱이 회사도 생각만큼 마음에 들지 않는 모양이었다. 그러자 그는 내가 학교 연구소와 회사에 취직하게 만들어서 강의 경력을 쌓지 못해 교수가 될 수 없었다며 원망했다. 이때 시험인 것을 알아차렸어야 했다.

그러나 그때만 해도 나는 그가 왜 그렇게 이상하게 반응하는지 알 수가 없어서 화가 났다. 그래서 따지기 시작했다.

"네가 아는 형이 교수가 된 것은 같은 학부를 나온 교수가 이끌어줘서가 아니냐?"

"네, 그렇지요."

"내가 너를 교수가 되지 못하도록, 강의 경력을 쌓지 못하도록 연구소와 회사에 취직하라고 한 게 아니다."

"형이 취직하라고 했잖아요."

사실 그에게 교수가 될 가망이 높지 않고, 어머니도 아프신데 뭐라도 해야 하지 않겠냐고 말한 적은 있다. 그러나 연구소나 회사에 꼭 취직하라고 하지는 않았다.

"연구소나 회사는 네가 알아왔고, 나는 네가 잘되도록 기도했을 뿐이다. 네가 강의 경력을 쌓지 못하도록 권면한 건 더더욱 아니다."

이렇게 차분히 말했으면 좋았을 텐데 화를 내고 말았다.

"내가 언제 네가 강의 경력을 쌓지 못하게 했냐? 그때는 너도 기뻐했으면서 이제 와서 원망하면 어떻게 하냐?"

그러고는 그에게 욕까지 했다. 그는 결국 어느 대학에서 강의를 하게 되었고, 교회를 떠났다. 그가 보낸 마지막 문자는 '형님, 저 대학교에 임용되었어요'였다. 나는 축하한다고 짧게 답장을 보냈다.

나이가 들어도 자매와 교제가 잘 안 되고, 교제를 해도 금세 헤어지는 한 형제에게 교회 안에 마음에 드는 자매가 있었다. 나는 자매와 잘되었으면 좋겠다고 축복했다. 치킨을 먹는 즐거운 분위기에서 그 자매에 대해 말했다. 그와 잘되면 좋겠다고.

그런데 나중에 무슨 일이 있었는지는 모르지만 그가 나를 찾아와 왜 자기가 그 자매와 교제하면 안 되냐며 나를 원망했다. 결국 나는 또 욕을 하고 말았다.

"XX의 새끼, 10년을 도와주어도 결국 이렇게 원망을 하나? 내가 언제 안 된다고 했냐? 잘되었으면 좋겠다고 했지. 그리고 네가 부모님 때문에 힘들어할 때 내가 너를 위해 기도하며 네 삶이 풀리도록 얼마나 도왔냐? 교제가 안 될 때 헤어지지 말고 잘해보라고 기도하며 도운 것도 잊었냐? 네가 잘되도록 도운 것밖에 없는데 도움의 결과가 이것이냐?"

그때는 갑자기 그런 일들이 많이 생겼다. 참 힘든 시간이었다. 나는 그들을 마음을 다해 도와주었는데, 그들의 생각이 바뀌면 나를 원망하는 일이 반복되었다. 당시는 시험인 것을 몰라서 동생들에게 욕을 하고 말았다.

그래도 착한 동생들이라 내게 대놓고 뭐라고 하지는 않았지만 나는 느꼈다. 내가 죄를 지었고, 이것을 덮으려고 하면 분명히 원수는 다른 시험으로 나를 공격할 것임을. 그래서 주일 예배 때, 정직하게 고백하고 용서를 구했다. 착한 성도들은 내 죄를 용서해주었다.

시험이 오면 신뢰가 사라지고 개념이 미묘하게 바뀌면서 원망이 일어난다. 지도자는 그런 원망을 듣는 사람이다. 그때 나처럼 욕하면 죄를 짓게 된다. 하나님께 회개하고, 동생들에게 미안하다고 사과하고, 교회 공동체 앞에서 회개했다. 부끄럽다. 다시는 욕하지 말아야지….

시험이 오면 그에 맞게 대응해야 한다. 아무리 그동안 신뢰가 있었어도 소용이 없다. 홍해 바다를 가르신 하나님을 경험하고 모세의 도움을 받았어도 "왜 우리를 애굽에서 나오게 했냐"고 원망하는 것이 사람이다. 하물며 조금 도움을 주었다고 시험이 올 때도 신실함이 유지되리라 기대하는 것은 순진한 생각이다.

시험이 오면 말로는 되지 않는다. 시험을 분별해야 화를 참을 수 있다. 사람의 어떠함 이전에 시험이 있다. 시험을 분별하고 속지 않아야 시험을 물리칠 수 있다. 시험이 물러가야 정상적인 대화가 가능하다. 시험이 있는 한 불신은 사라지지 않기에 이전에 어떤 도움을 주고받았든 시험을 이기는 데 별 도움이 되지 않는다.

시험인 줄 모르고 상황과 사람을 보며 낙담하면 죄가 나온다. 판단하고 화를 내며 싸우게 된다. 속지 말아야 한다. 시험에 속으면 그 이후에 오는 낙담은 이루 말로 할 수 없다. 사역을 하기 싫어지고, 사람이 싫어지고, 정신적으로 병든다. 치료가 필요할지도 모른다.

더욱 중요한 것은 그것이 동생들의 시험이 아니라 내 시험이었다는 것이다. 모세처럼 하나님 앞에 엎드려서 하나님의 보호를 받고, 그것을 사람들이 알아보았어야 했는데 나는 욕하며 싸웠다. 못난 목사다. 아이고, 언제나 속을 차릴까!

시험
매뉴얼2
_분별

시험을 알지 못하면

예수님이 잡히시던 날, 대제사장의 뜰에서 누군가 베드로를 향해 "너도 갈릴리 사람이고 예수와 함께 있었다"라고 말할 때, 그는 그것이 기독교 역사에 기록될 어마어마한 시험이라고 생각하지 못했을 것이다. 그러나 예수님은 이미 베드로에게 시험이 있을 것을 경고하셨다(눅 22:31,32).

"시험이 있을 것"이라는 예수님의 경고를 알아듣지 못한 베드로는 "저는 주와 함께 감옥에도 가고 죽을 각오를 했습니다"라고 항변했다.

그런 베드로에게 예수님은 "네가 오늘 닭 울기 전에 나를 세 번 부인할 것이다"라고 말씀하셨다. 그분의 말씀대로 그가 세 번 주님을 부인한 것은 사단이 밀 까부르듯 하는 강력한 시험이었다.

만약 예수님의 말씀이 없었다면 그의 강력한 부인이 어떤 의미인지 규정하기도 어렵고, 간단한 해프닝으로 끝날 수도 있었을 것이다. 베드로가 예수님을 모른다고 부인할 때, 사단은 어디 있는가? 그것이 시험이다.

숨어서 상황을 조종하고 믿음의 사람으로 하여금 넘어지게 하는 것. 사실은 거기까지도 괜찮을 수 있다. 문제는 그다음이다. 베드로가 만약 이 일을 해프닝으로 규정하고 자신이 시험에 넘어진 것이 아니라고 주장했다면 교회는 시험에 들었을 것이다. 그러면 교회 역사상 가장 악영향을 미친 사건이 되었을지도 모른다.

하지만 베드로의 위대함이 여기에 있다. 초대교회의 강력한 지도자였던 그의 시험이 성경에 정확하게 실리고 회자될 수 있었던 건, 시험에 대한 그의 정직한 태도 때문이 아니었을까 싶다. 만약 그가 자신의 시험이 부끄러워서 감추고 조작하려 했다면 어땠을까? 이 내용이 성경에 실리지 않았을지도 모른다.

베드로가 자신이 시험에 넘어진 것을 정직하게 교회에 고백한 것이 아닐까? 그러면 교회는 오히려 건강해진다. 지도자가 실수를 고백하면 시험하는 자가 조종하려는 어두움이 교회를 넘볼 수 없다. 교회 안에서 사람들은 자유를 느끼고, 하나님을 경외하는 마음이 높아지며, 예수님의 사랑은 더욱 찬양받으신다.

자주 설교하러 가는 교회에서 은혜받았다며 한 성도가 선물을 줬다. 의전을 담당하는 전도사님에게 맡겨놓고 설교를 한 다음, 잊어버리고 집에 돌아왔는데 연락이 왔다. 선물을 보내줄 테니 주소를 알려달라고. 나는 전도사님에게 사용하라고 말했다. 그가 난감해하더니 선물에 재정이 들어있다고 말해줬다. 내가 말했다.

　"정말 괜찮으니 전도사님이 사용하세요."

　항상 이렇게 담대하고 그릇이 크면 얼마나 좋을까! 다시 설교하러 갔더니 또 선물을 주었다. 작고 소박한 쿠키라고 했다. 직접 만들었다며 쇼핑백을 건넸다. 문제는 그 안에 든 작은 봉투였다. 시험에 들었다. 아내가 셋째를 낳느라 병원에 오래 있었고, 재정은 늘 필요한 상황이었다.

　'아, 기다리던 재정이 왔나보다.'

　하지만 마음이 복잡했다. 남들이 봉투를 보면 안 될 것 같은 외식이 들어왔다. 내 체면이 손상될 것 같았다. 항상 시험은 이런 식으로 내 두려움을 건드리고 믿음이 약해지게 만든다. 설교하다가 재정을 분실할 것 같은 마음이 들어 조용히 코트를 벗어서 쇼핑백을 덮었다.

　거기까지는 괜찮았다. 문제는 계속 마음이 쉬지 못했다는 것이다. 아무래도 마음이 놓이지 않아 내 배낭에 쇼핑백을 집어넣으려고 했지만 잘 들어가지 않았다. 이런 나를 뒤에서 모두 보고 있는 것 같았다. 누군가 조용히 다가와서 말했다.

"제가 보관해드릴까요?"

"아니요, 괜찮아요."

아무도 모르는 작은 봉투 하나가 재정에 대한 내 복잡한 마음을 뒤흔들었다. 재정이 필요할 때 내 마음이 얼마나 민감하게 반응하는지 들키고 만 것이다(그 봉투는 상품권이었다. 아들의 신발을 사는 데 요긴하게 사용했다).

가장 먼저 든 생각은 '내가 말하지 않으면 아무도 모른다'는 것이었다. 그런데 영적인 상황에서는 모두가 알고 있는 것 같았다. 시험이 왔다면 그다음이 더 중요하다. 정직하게 다루는 것이 최선이다.

나는 어려서 형에게 자주 맞았다. 잘못해서도 맞았고, 내가 생각하기에 억울하게 맞기도 했다. 정직하게 상황에 맞서서 이야기하는 것이 최선이었다는 생각이 나중에 들었다. 사실 생각할 필요가 없었다. 어차피 맞으니까. 그러니 정직하게 최선을 다해야 누구도 나를 함부로 할 수 없음을 배웠다.

주일 설교 시간에 쇼핑백 사건을 솔직히 나눴다. 시험을 받고 약점을 잡혀서 괴로워질 것 같은 상황을 몰래 맞을 수는 없었다. 인터넷방송 설교를 하면서도 말했다. 나중 일은 모른다. 지금 시험이 나를 조종할 수 없게 만들어야 한다.

"지금까지 공금은 비교적 청결하고 정확하게 사용해왔지

만, 개인적으로 선물이나 재정을 받을 때는 제 마음이 얼마나 복잡하고 유혹에 쉽게 넘어가는지 알게 되었습니다. 이것이 앞으로도 문제가 될 수 있다고 생각합니다. 그때도 지금처럼 정직하게 교회 앞에 고백하고 도움을 받겠습니다."

다들 목사가 정직하려고 애쓰고, 굳이 자기가 손해를 볼 일은 아니니 지켜보겠다는 분위기로 지나갔다.

"교회 밖은 모르겠는데 교회 안에서 제게 100만 원이 넘는 헌금이 오면 반드시 교회에 보고하겠습니다."

이렇게 스스로 장치를 마련했다. 베드로의 경우처럼 만약 시험이라면 쉽게 끝나지 않을 것이다. 그리스도의 몸 된 교회에 문제가 되고, 교회가 시험에 들지도 모른다. 그런 일이 생기기 전에 정직하게 시험을 분별하고 다루어야 한다.

시험하는 자는 나타나지 않은 채로, 시험인지 아닌지 애매한 상황에서 사람을 넘어지게 하고, 그것을 꼬투리 삼아 교회를 불신으로 분열시킬 수 있기 때문이다.

어느
한 장면

주일 예배가 따뜻하고 은혜롭게 끝났다. 예배가 끝나면 구역이 연합된 캠퍼스별로 모임을 한다. 홀가분한 마음으로 예배당을 벗어나는데 한 전도사님의 캠퍼스 모임이 내 눈에 들어왔다.

한 자매가 일본 여행을 다녀와서 선물로 과자 같은 것을 전도사님 앞에 내밀었는데 하필 그 순간을 내가 본 것이다. 그 둘이 멈칫하면서 나를 의식하는 것을 모두가 느꼈다. 다들 아무 말도 없었다. 아주 잠깐이지만 천지가 얼어붙는 느낌이었다. 나는 즉각 알아차렸다. 아무래도 시험 같았다.

최근에 이런 일들이 부쩍 잦았다. 물론 베드로의 경우를 참고로 하여 묵상을 하는 중이기도 했다.

아들 성식이는 초등학교 때 운동장에서 친구들에게 맞은 후로 중학교에 가지 않았고, 고등학교 과정도 검정고시를 치렀다. 노량진 학원가에서 재수하는 형들과 알고 지내기는 했지만 또래 집단에서 벗어나 있었다.

그래서 늘 외로워하며 자신을 받아주는 사람을 그리워했다. 교회에서 형들이 관심을 가져주기는 했다. 그러나 대부분 내게 보이려는 의식적인 부분이 있다는 생각이 들어 불편했다. 그러나 그것마저도 아들에게는 소중했다.

자기에게 조금이라도 관심을 가져주는 형이 있으면 예배드릴 때 옆에 앉고 싶어 했다. 형들은 부담스러워하며 눈에 띄게 거절했다. 나는 당연하다고 생각했다. 비록 나는 그들을 조건 없이 도왔어도, 아들이 그들에게 부담이 되면 안 된다고 생각했다.

내 아들의 부족함도 괴롭지만, 그것을 성도의 입장에서 이해해야 하는 것이 더 힘들었다. 비단 나만 느끼는 것은 아니었다. 어느 날 아내가 울면서 말했다.

"왜 성식이를 교회 사람들이 거절하는지 모르겠어요. 아이가 어릴 때는 그렇지 않았는데 최근에는 그런 일들이 보여요."

아내에게 말했다.

"여보, 시험일 수 있어. 눈에 보이는 한 장면이 너무 선명해서 그것이 명확한 것 같지만 그렇지 않아. 눈에 보이지 않지만 누군가 시험으로 우리를 조종하려는 것인지도 몰라. 여보, 시험에 속아서는 안 돼."

아내가 오랜 고민에서 벗어나는 느낌이 들었다. 나는 조금 연약함이 있는 아들을 대하는 사람들의 방식 때문에 내가 시험에 들면 교회 문제가 될 것이라고 생각했다.

베드로를 넘어뜨린 질문을 한 사람들에게 어떤 의도가 있었을까? 적어도 그들 스스로 '내가 지금 사단이 밀 까부르듯 하는 일에 동참하고 있다'라고 결코 생각하지 않았을 것이다. 의도 없는 생각과 행동이 시험에 이용될 수 있다. 우리는 서로를 보호하고, 서로를 위해 기도해야 한다. 믿음이 떨어지지 않도록.

나는 성도들이 지도자로 자라도록 돕고 싶고, 나중에 분립 개척도 가능하도록 섬기고 싶다. 그런데 내가 사람들을 통제하거나 조종하고 있을지도 모른다는 생각에 괴롭다. 내 의도와는 다르게 사람들을 세우는 지도자가 아니라 조종하는 지도자가 되고 있다면 어쩌나…. 이것이 시험인지도 모른다.

사실 민감한 상황이 되면 어떤 말도 하고 싶지 않다. 누가 어떻게 지시한 것도 아니다. 우연히 전도사님이 선물을 받는 장면을 보게 되었고, 모두가 얼어붙은 것이다. 예전 같으면 이 상황을 어떻게 정리할지 나 자신에 대한 정죄감을 느끼면서 괴로워했을 것이다. 언제나 그렇지만 이것을 공식화해서 말하고 싶지 않다. 나는 그런 사람이 아니니까.

제일 먼저 전도사님에게 말했다.

"이 상황이 갑자기 선명하게 우리 모두를 얼어붙게 만든 것은 시험일 수 있습니다."

다행히 그동안 시험에 대해 그와 함께 훈련을 해왔기에 어느 정도 대화가 가능했다. 시험은 이렇게 미묘하고 괴롭게 다가온다. 아주 싫은 경험이다. 나는 길에서 교회를 개척하면서 사람들을 일일이 섬기고, 사역이 풀리지 않은 사람들을 오라고 해서 학교 납부금을 대주고, 그들의 사역을 마련하느라 캠퍼스도 만들어주었다.

그리고 폼 나는 일이 있으면 서로 맡아서 할 수 있도록 섬겼다. 또 원하면 따로 사역할 수 있도록 교회를 나누기도 하고, 어려워지면 돌아올 수 있도록 도와주었다. 그런데 또 이런 일을 겪는다.

원수가 어떻게 하기 전에 빛 가운데 드러내서 다루어야 한다. 물론 사람들은 다 이해하지 못하고, 은근히 나를 판단할 수 있다. 그러나 공론화시켜야 모두가 함께 분별할 수 있고, 또 이런 상황이 올 때 대처할 수 있으며, 나도 두려움에서 벗어날 수 있다. 그래서 설교 시간에 말했다.

"이런저런 상황이 있었는데 시험인 것 같습니다."

비교적 담담하게 말하자 모두가 이해하는 분위기였다. 그러나 내 곤혹스러움을 모두 보았다. 점점 교회 사역자들을 놓고 경쟁하는 것 같은 분위기가 되고 있다. 관계가 미묘해지고, 캠퍼스 상황이나 사람들의 캠퍼스 이동도 조심스러워졌다.

예배를 2부로 나누어서 드리기로 했다. 가장 우선적인 이유는 빌린 장소가 좁았기 때문이다. 작은 카페여서 어쩔 수 없었다. 그러자 문제가 해결되기 시작했다. 나누어서 예배를 드리니 경쟁 대신 예배 분위기가 중요해졌고, 각자 예배 안에서 상황과 위치를 재정립했다.

나중에는 예배를 3부로 나누어서 드리기로 했다. 불만을 표하는 사람도 있었지만 전도사님들이 책임지고 설교하며 맡은 캠퍼스 중심으로 같이 움직이면서 예배드리도록 도왔다.

1부 예배는 내가, 2부와 3부는 담당전도사님들이 설교를 했다. 그런데 회의시간에 예배의 밀도가 떨어지는 것 같다는 의견이 나왔다. 내가 말했다.

"만약 전도사님들이 담임목회자였다면 그들 중심으로 뭉칠 수밖에 없었을 것입니다. 그것은 사람의 역량문제가 아니라 현재로서는 어쩔 수 없는 부분입니다."

그리고 좀 더 밀도 있는 예배가 되기 위해 전도사님들이 도시에서 기도하는 것을 포함하여 명신교회에서 사역하면서 배우는 것을 수업 형식으로 가르칠 수 있으면 좋겠다고 했더니 모두 좋아했다. 언제든 그런 상황을 또 마주칠 것 같다. 시험이 밀 까부르듯 오는 어느 한 장면. 그래서 나는 되도록 캠퍼스 모임을 피해 다닌다. 혹시 또 무슨 장면에서 누구와 시험을 겪게 될지 모르기 때문이다.

교회에 사람과 재정과 일이 많아져서 사역자들이 재미있게 일할 수 있었으면 좋겠다. 나는 그들의 분립개척을 도와서 한국교회사의 한 페이지를 장식하고 싶다. 하지만 내 속마음은 만신창이다. 60여 명이 들어앉아서 계속 지지고 볶는 중이다.

시험에
들지 않게

예수님은 시험을 겪을 베드로를 위해 기도하셨다고 말씀하셨다. 그리고 피곤하여 자는 제자들에게 시험에 들지 않게 기도하라고 권면하셨다.

그러나 내가 너를 위하여
네 믿음이 떨어지지 않기를 기도하였노니
너는 돌이킨 후에 네 형제를 굳게 하라

눅 22:32

그곳에 이르러 그들에게 이르시되
유혹에 빠지지 않게 기도하라 하시고

눅 22:40

이르시되 어찌하여 자느냐

시험에 들지 않게 일어나 기도하라 하시니라

눅 22:46

그러나 제자들은 기도하지 않았다. 베드로도 기도하지 않고 잠을 잤다. 시험에 대해 예수님이 계속 강조하시는 것은 '기도'이다. 예수님은 이미 시험에 들지 않도록 기도하라고 가르쳐주셨다.

우리를 시험에 들게 하지 마시옵고

다만 악에서 구하시옵소서

(나라와 권세와 영광이 아버지께 영원히 있사옵나이다 아멘)

마 6:13

시험이 올 때 일단 기도를 시작하면 시험이 주는 괴로움이 상당히 해소된다. 시험은 괴롭다. 아주 고통스러운 감정을 경험한다. 베드로가 예수님을 모른다고 간단하게 답변한 것 같지만 상당히 괴로웠을 것이다. 그 일이 있고 나서 예수님의 말씀이 떠올라 심히 통곡했다. 어쩌면 평생 살면서 가장 고통스러운 경험이었을 것이다.

밖에 나가서 심히 통곡하니라 wept bitterly

눅 22:62

시험은 고통스러운 상황과 함께 온다. 마음의 고통이 동반된다. 그때 기도해야 고통을 이겨낼 수 있다. 그렇지 않으면 시험이 우리로 하여금 잘못된 결정을 하도록 유도한다.

아내와 나는 아들이 사람들로부터 거절당하는 것을 느낄때 고통스럽다. 그 고통에서 벗어나려면 기도해야 한다. 기도하지 않으면 그런 마음을 숨긴 채로 고통에서 벗어나기 위해 잘못된 결정을 한다.

어린 마음으로 나도 사람들을 은근히 거절하거나 아들을 부담스러워하는 사람들을 보는 고통을 피하기 위해 교회를 옮기는 선택을 할 수도 있다. 시험이 주는 고통은 기도가 아니면 사라지지 않는다.

마음이 타는 듯한 고통과 함께 시험은 다가온다. 그런 마음을 안고 기도하면 기도가 될까 싶지만 신기하게도 기도하면 금방 마음이 가라앉는다. 그렇기에 시험 중에 기도하는 것을 배워야 한다.

아내와 나는 아들을 위해 기도했다. 기도하면 좋은 것은, 아들이 겪은 일과 다른 사람들에 대한 복잡한 마음이 사라진다. 곧 아무렇지도 않다.

기도 중에 받은 마음은 아들이 괜찮은 것을 입증하기 위해 무언가를 할 필요가 없다는 것이었다. 기도하지 않으면 '내 아들은 괜찮은데 당신들이 편견을 갖고 있다'라는 식으로 내 마음을 표출할 수 있다.

기도하면 그런 마음이 사라지고, 아무런 의도가 없는 행동이 나온다. 내가 문제를 해결하기 위해 행동하면 하나의 효과는 있을지 몰라도 많은 부작용을 일으키는데, 그런 일을 하지 않게 된다. 하나님께서 행하시는 것을 경험한다.

묵상학교가 진행되었다. 묵상학교를 마무리하며 묵상 한 편씩 익명으로 제출하고 콘테스트를 했다. 묵상을 적은 종이를 벽에 붙여놓고, 각자 3개의 스티커를 받아서 자기 마음에 맞는 묵상에 붙였다. 그리고 스티커를 많이 받은 사람 순서로 시상했다.

참석률은 비교적 저조했다. 교회가 작을 때는 모두가 참가하는 즐거운 행사였는데 아무래도 사람들이 늘다 보니 흥미나 참석률이 떨어진다. 그래도 벽면 한 쪽을 묵상노트로 장식했고, 사람들은 그것을 읽고 스티커를 붙였다.

묵상 사역자인 경원 집사가 3등까지의 묵상을 읽고 시상했다. 마지막 세 번째 묵상을 읽었을 때, 나는 바로 알 수 있었다. 내용과 구성이 아들의 것임을. 말씀에 비추어 자신을 돌아보고 회개하는 내용으로 깔끔하게 구성된 묵상이었다.

성식이가 묵상 콘테스트에서 3등을 하자 사람들이 놀라며 탄성과 박수를 보내주었다. 이후로 그들이 아들을 보는 눈이 달라졌음을 느낄 수 있었다.

시험의 내용을
알 때까지 하는 기도

베드로가 겪은 시험의 내용은 무엇일까? 말씀에 기록된 대로 보자면 상황은 비교적 간단하다. 예수께서 베드로가 사단이 밀 까부르듯 하는 시험에 들 것이라고 말씀하셨고, 그것은 그가 예수님을 세 번 부인한다는 내용이었다.

베드로는 예수님과 함께 죽을 것이라고 항변했지만 결국 주님을 세 번 부인하고 말았다. 그가 겪은 시험은 큰 틀 안에서 보면 그의 믿음을 약화시키려는 것이다.

예수님과 함께 죽겠다던 그의 말은 그분을 부인함으로써 사실이 아닌 것으로 증명되었다. 예수님을 향한 그의 마음의 진실은 그분과 함께 죽는 것이 아니었다. 예수님이 목적이 아니라 자신이 더 살고자 하는 것이 목적이었다.

또 그들 사이에 그중 누가 크냐 하는

다툼이 난지라

눅 22:24

　성경은 분명하게 말씀하신다. 사람이 시험에 드는 것은 하나님께서 시험하셔서가 아니라 자신의 욕심에 속기 때문이라고. 시험이 그 기능을 하게 되는 것은 내 욕심이 반응하기 때문이다. 시험이 내 욕심을 건드려서 속이고 죄로 끌고 간다.

　베드로와 제자들의 욕심은 무엇인가? 성경에 기록된 대로 예수님이 높아지실 때 자신도 높아지고 싶은 마음이 있었다. 그들은 예수님 좌우편에 앉고 싶어서 서로 싸웠다. 예수님이 베드로의 부인을 경고하시기 전, 제자들의 모습이다.

오직 각 사람이 시험을 받는 것은

자기 욕심에 끌려 lured and enticed by his own desire

미혹됨이니

약 1:14

　그러므로 시험이 왔다는 생각이 들면, 시험에 반응하는 내 욕심을 돌아봐야 한다.

명신교회는 구역을 모아서 '캠퍼스'라고 부른다. 보통 3명의 구역장과 캠퍼스 담당리더로 캠퍼스 리더십이 구성된다. 교구, 교구장이라는 용어도 있지만 아무래도 젊은 사람들에게 부담이 되는 듯했다.

캠퍼스 담당 리더 집사님이 외국에 오래 가 있게 되어서 임시로 구역장 중 한 자매를 리더로 세우기로 했다. 그런데 캠퍼스 멤버 중 한 사람이 그 자매에게 서운하다고 다른 사람에게 말한 것이 그녀의 귀에 들어갔다.

다행히 그런 일들이 조용히 갈등으로 번지지 않고, 바로 정직하게 논의되었다. 처음으로 사람들을 책임지게 된 자매는 조금 두려워하고 있었다. 그렇지만 원망이나 판단을 하지 않고, 훈련의 연장선에서 이해하고 있었다. 이 일을 통해 자신이 무엇을 배워야 하는지 생각했다.

상황을 이야기하는 자매에게 무엇이 두려운지 물었다. 그녀는 사람들의 평가가 두렵다고 했다. 자연스럽고 진실하게 이야기하면 좋은 점이 있다. 상황과 방어를 헤쳐 나가야 하는 수고가 줄어든다.

만약 이것이 시험이라면 자매의 두려움, 즉 사람들의 평가에 대한 두려움을 이용하여 시험에 들게 하려는 것일 수 있다. 사람들의 인정을 받고 싶고, 그것을 받지 못하면 두려운 것은 내 욕심이다. '다른 사람들이 나를 어떻게 평가하는가'보다 내가 두려워하고 원하는 것을 분별하여 욕심을 다루어야 한다.

자매는 사람들에게 인정받고 싶은 마음과 그들의 좋지 않은 평가에 대한 두려움을 위해 기도할 필요가 있었다. 시험이 가진 의도를 무력화시키는 기도이다.

자매는 사람들의 인정을 바라는 자신의 마음을 정직하게 보고, 더 이상 평가에 연연하지 않았다. 적어도 캠퍼스 안에서는…. 기도함으로써 문제는 더 이상 커지지 않았다. 기도하면 문제가 작아진다. 내 마음과 현실에서.

성식이가 사람들에게 거절당하는 것에 민감하고 두려워하는 마음이 내 안에 있었다. 그래서 언제든 시험은 아들이 거절받는 상황을 목격하면 시작될 가능성이 높다.

또 나는 교회 역사 안에서 인정받는 목사가 되고 싶다. 예수님의 제자들을 길러냈고, 그들을 사역자로 세웠으며, 교회가 올바른 방향으로 가도록 섬겼다는 내용으로 인정받고 싶다.

그렇기에 명신교회가 제자들의 공동체가 아니라 정치적인 조직이 되는 것 같고, 사역을 하는 것이 아니라 포지션 경쟁을 하는 것 같으면 나는 시험에 들 수 있다.

내가 원하는 꿈을 위해 다른 사람들의 욕심을 지적하고 교회의 방향을 제시하는 무리수를 둘 수도 있다. 함께 시험에 드는 것이다.

사람들은 모두 욕심이 있다. 교회의 방향을 알고, 제자로 살아도 욕심이 있다. 교회는 내가 인정받는 모습으로 가야 하는 것이 아니라 각 사람이 예수님의 다스림을 받도록 나아가야 한다. 내가 시험을 다루려 해서는 안 되고, 기도하며 나도 시험에 들지 않도록 깨어있어야 한다.

교회 안에서 어떻게 움직이는지 민감할 것이 아니라 내 욕심을 분별하며 원하는 것을 내려놓아야 한다. 예수께서 주인이시므로 그분이 교회를 이끌어 가신다. 내가 할 수 있는 일이 있고, 내게 맡겨지지 않은 일이 있다. 내가 할 수 있는 일만 해야 한다.

같이 시험을
분별하는 법

　제자훈련 중에 꾹 집사가 가정사역에 대해 강의하기로 했다. 최근에 교회에 온 사람을 제외하면 모두가 꾹 집사 가정의 분위기가 심상치 않다는 것을 알고 있었다.

　본래 강의는 잘되는 부분뿐만 아니라 잘 안 되는 부분까지 나누는 것이다. 다행히 그는 자신을 어렵게 만들려고 강의를 맡긴 것이 아님을 잘 알고 있었다.

　나는 정직한 꾹 집사가 어떻게 나눌지 궁금했다. 최근에 그는 어려움이 너무 심해서 자신이 사람들 앞에서 좀 망가지더라도 정직하게 스스로를 돌아보는 부분이 많이 약해졌다.

　그는 아내를 심하게 원망했다. 혹 강의 중에도 그러면 어쩌나 걱정이 되었지만 어쩔 수 없었다. 우리는 있는 그대로의 삶 속에서 서로를 도와야 했다.

그는 아이를 낳고 키우는 2년 동안 부부가 서로 깊은 대화를 하지 않은 것부터 말했다. 자신이 아내를 원망했다는 말도 했다. 아이가 어린이집에서 힘든 일을 겪은 후 그들 부부와 내가 이야기를 나눌 때에 내 권면을 자신이 어떻게 받아들였는지도.

나는 이 문제 때문에라도 부부가 하나님께 나아가서 한마음으로 아이를 위해 기도하고 응답받기를 권면했다. 그는 아내가 결정해야 할 문제라고 답했다.

그는 사업이 힘들어져서 처가에서 살게 되면서 장인어른의 공격적인 언사가 고통스럽고, 아내를 도저히 이해할 수 없었다고 했다. 꾹 집사는 본래 착하고 따뜻한 사람이었다. 그런 그가 삶이 어려워지자 아내를 많이 원망했다. 평소의 나 같으면 그를 바로 교정하려고 했을 것이다.

"훈련이 뭐냐? 어려운 상황에서 내 반응을 살피는 것이 훈련 아니냐? 사람과 상황을 보면서 원망하는 것은 우리가 가장 피해야 할 일이다."

몇 번 권면했으나 받아들여지지 않았고, 부부 사이가 더욱 심각해졌다. 둘 다 인상 쓰면서 주일 캠퍼스 모임을 하는 것이 눈에 들어왔다. 그는 자기가 아내를 힘들어하는 것을 모두가 알도록 행동했다.

주일 예배에도 아이를 본다면서 거의 참여하지 않았다. 교회에 오기는 해도 주로 밖에 있거나 어린이예배에 가있었다.

몇 마디 말로 바뀔 수 있는 상황이 아니었다. 하지만 그동안 시험에 대해 배운 것이 있었다. 나는 꾹 집사에게 말하는 대신에 기도를 했다. 정말 아픈 마음으로. 그래도 그는 말을 듣지 않았다.

아내 되는 자매도 말을 듣지 않았다. 훈련이고 시험이니 잘 분별해서 상황과 사람에게 반응하지 말고 하나님께 순종하라고 여러 번 권면했지만 자기는 잘못한 것이 없다며 남편을 인정하지 않았다.

그러는 사이 2년이 흘렀다. 아내가 먼저 돌이켰다. 가정 상황이 너무 심각해진 것이다. 그나마 다행이었다. 누가 잘했고 잘못했는지를 떠나 시험을 분별하지 않고 여러 번의 불순종을 통해 결국 부부의 대화가 사라지고, 함께 살아도 각자 사는 것처럼 된 상황을 반드시 바꾸어야 했다.

꾹 집사를 위해 기도하는 중에 바울이 떠올랐다. 꼭 맞는 상황은 아니지만 바울이 예수님 믿는 사람들을 잡아 가두려고 다메섹으로 갈 때 예수님을 만난 것이 생각났다. 같은 상황은 아니지만 어두움이 깊을수록 예수님을 만날 시간이 더 가까이 오고 있다는 마음으로 나는 기도를 계속했다.

그가 좋은 선교사로 살 것 같은 마음을 받았다. 그의 상황을 잘 아는 전도사가 그를 어떻게 도와야 좋을지 물었다. 나는 확신 없이 말했다.

"기도 중에 꾹 집사가 중국에서 훌륭한 선교사로 살 것 같은 마음을 받았어."

바울이 교회를 대적했지만 가장 훌륭한 사역자가 된 것처럼 꾹 집사도 교회의 여러 면에 대해 부정적이지만 결국 가장 좋은 사역자가 될 것 같다고 말하면서도 확신이 없었다.

그럼에도 나는 그 방향으로 꾹 집사를 도왔다. 그가 어떻게 하는지 보려고 하지 않고, 기도 중에 받은 약속을 위해 기도했다. 그는 아내가 자기 말은 듣지 않아도 목사님 말은 들을 것이라면서 씁쓸해했다. 그래서 더욱 그들 부부를 권면하기가 쉽지 않았다.

하지만 내 마음이 힘들어지는 것을 생각하지 않고, 예수님이 주시는 마음으로 그를 위해 기도했다. 기도 중에 그가 사업하러 자주 다녔던 중국 심천에 전도여행을 다녀오면 좋겠다는 마음이 들었다. 그래서 꾹 집사 부부가 다른 한 가정과 심천으로 전도여행을 가도록 도왔다.

전도여행 기간에 묵상모임을 하고, 꾹 집사가 현지에서 사업상 만났던 분과 심천에 대해 인터뷰를 하고 식사도 하면서 부부가 같은 공간에 있을 수밖에 없는 상황이 이어졌다.

물론 아직 충분하지 않다. 또 언제 무슨 일이 일어날지 모른다. 그러나 부부가 서로 마음을 깨트리고 있다. 시험이 물러가는 과정이었으면 좋겠다.

시험이 오면 시험을 겪는 한 개인의 문제로 끝나지 않는다. 반드시 교회의 문제가 된다. 보통은 시험에 든 사람이 시험을 어려워하다가 믿음이 연약해진 말과 행동을 해서 모두가 함께 시험에 든다.

시험에 든 사람의 말에 동조하는 사람과 그것을 답답하게 여겨서 교정하려는 사람 사이에 다툼이 일어나고, 결국 시험에 든 사람이 원망하며 교회를 떠난다. 아니면 각자 세력을 만들어서 교회가 심각하게 분열된다.

조국의 교회는 시험에 많이 노출될 뿐 아니라 그것을 잘 이기지 못하는 것 같다. 하지만 시험은 기쁜 일이다. 우리는 조금도 부족함 없는 교회가 되기 위해 시험을 감당하는 중이라고 생각하며 기도한다.

교회 안에서 시험에 대해 함께 논의할 수 있는 사람들이 있으면 시험은 힘을 잃는다. 여기엔 아주 중요한 전제가 있는데, 시험에 든 사람을 돕기 위한 논의여야 한다는 점이다. 그 사람 때문에 힘들다고 원망하여 자칫 그를 타깃으로 삼을 수도 있다. 그렇다면 차라리 논의를 안 하는 것이 낫다.

베드로를 도우셨던 예수님처럼 우리도 시험에 든 사람을 위해 기도할 수 있다면, 교회 공동체 안에서 시험에 대해 함께 나누고 대책을 세우는 것은 좋은 일이다.

시험에 든 사람에 대한 균형 감각이 필요하다. 꾹 집사도 시험이 심할 때는 사람들이 자신을 어떻게 생각하는지, 특히 내가 자기를 어떻게 대하는지 생각이 많은 표정이었다.

다행히 우리 모두가 그를 사랑했다. 또한 그가 전과 많이 달라졌다는 객관적인 사실을 놓치지 않았다. 어느 누구도 그의 시험을 지지하지도, 판단하지도 않았다. 충분히 어려운 상태지만 최악의 상황으로는 가지 않고 견디는 중임을 모두 알고 기도했다.

우리는 그의 상황에 대해 함께 나누기도 하고, 그와 그의 아내의 이야기를 들어주기도 하면서 함께 시험의 시간을 보냈다. 이를 통해 상황이 갑자기 나아지진 않았지만 더 악화되는 일은 막을 수 있었고, 교회 문제가 되어 함께 힘들어지는 일도 일어나지 않았다. 그저 함께 견디면서 하루하루를 보냈다. 물론 당사자들이 가장 견디기 힘들고 고통스러웠을 것이다.

함께 시험을 분별하면 분열을 막을 수 있다. 시험에 속아서 어느 편에 서거나 판단하는 일을 막을 수 있다. 시험에 든 당사자들도 교회 안에서 어떻게 보일지 걱정하지 않아도 된다. 자랑할 일은 아니지만 누구나 겪는 시험이 온 것이고, 기도하면서 조금도 부족함 없는 삶으로 성장하면 된다.

전도여행을 다녀온 꾹 집사의 아내가 남편이 중국에 대해 그렇게 많이 알고, 또 생각과 계획이 많은 줄 몰랐다고 말했다. 다시 남편을 향한 존경심이 일어나는 것 같아 다행이다. 사랑받지 못하는 아내도 무섭지만, 인정받지 못한 남편의 무서움을 알았을 것이다. 시험에 든 남자는 상황을 분석하려 하지 않고 엎으려 한다.

교회 재정만 허락한다면 꾹 집사와 그 가정을 심천에 선교사로 파송하고 싶다. 이 복잡한 한국의 현실에서 벗어나 그가 마음껏 사역하고 제자로 살았으면 좋겠다.

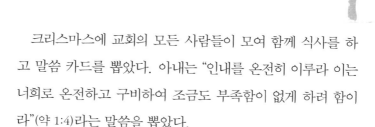

크리스마스에 교회의 모든 사람들이 모여 함께 식사를 하고 말씀 카드를 뽑았다. 아내는 "인내를 온전히 이루라 이는 너희로 온전하고 구비하여 조금도 부족함이 없게 하려 함이라"(약 1:4)라는 말씀을 뽑았다.

우리 가정에 익숙한, 특히 아내에게 아주 익숙한 말씀이었다. 아내의 표정이 곧 울 것 같았다. 또 이 말씀이냐고, 도대체 언제까지 참아야 하냐고.

그러고 보니 그렇다. 언제까지 인내해야 하나⋯. 내가 보기에 아내는 거의 초인적인 인내심을 갖고 있는 것 같다. 본래 인내심이 많은 데다 나와 함께 살면서 훈련을 정말 세게 받아서 참으며 주를 따르는 것이 무엇인지 잘 아는 사람이다.

더군다나 최근 몇 년은 그야말로 특공대를 제대하고 다시

특전사에 들어간 것처럼 살았는데 또 무엇을 인내해야 한단 말인가! 무조건 참아야 한다는 것이 아니라 조금도 부족함 없는 삶이 된다는 것으로 이해하고 싶다.

나는 아내를 이렇게 위로했다. 삶에 다가오는 어려운 문제들 혹은 시험을 잘 풀어갈 수 있고, 어려워도 행복한 삶이 무너지지 않는다는 것을 말씀하신 것이라고.

우리 집 남자아이들은 잠을 잘 자지 않는다. 첫아이도 늘 새벽에 일어났다. 태어나서 몇 년 동안 새벽 2시부터 4시까지 울었다. 셋째도 그런다. 아주 오래전에 졸업한 일을 50세가 다 되어 또 감당하고 있다.

첫아이 때 우리는 아주 예민했다. 그래서 아이에게 자라고 호통을 친 적도 많았다. 정말 무식한 부모였다. 셋째를 기르면서는 힘에 부치기는 하지만 우리의 속사람은 성장했다. 아이가 깨면 아내는 따뜻하게 다독이며 아이 옆에 앉는다. 그러다 아이가 잠들면 슬며시 같이 잔다.

삶에 어려움이 와도 훨씬 강건한 마음으로 아이를 돌보고 사랑할 수 있게 되었다. 어린이집에서 셋째를 보고 조부모와 사는 아이 같다고 한단다. 사랑을 많이 받아서 아직 훈련과 교정이 되지 않은 부분이 많다는 이야기이다.

그런 부분이 걱정이기는 하지만 우리는 삶의 무게에 대해 예전처럼 힘겨움으로만 반응하지는 않는다. 인내는 단순히 참는 것이 아니라 문제를 잘 해결해가는 방식이기도 하다. 아이를 따뜻하게 돌보고 다시 가정에 평화가 올 때의 행복이 있다. 이때 조금도 부족함이 없다는 말씀이 무엇인지 알게 된다.

삶 속에서 다가오는 어려운 일들이 시험인 줄 알고 믿음으로 대처해야 인내할 수 있다. 시험인 줄 분별하지 않으면 아이에게 무언가 문제가 있는 것처럼 여기고, '내 인생은 힘들다'라는 우울감에 빠질 수 있다.

모든 삶에는 시험이 있다. 시험 없는 인생, 시험 없는 신앙은 없다. 시험이 찾아오면 그것을 분별하고 인내를 기르며 문제를 부족함 없이 풀어갈 것인지 아니면 시험에 들어 죄를 지을 것인지를 결정해야 한다. 처음부터 잘되는 것은 아니며 인내가 그리 와닿는 주제도 아님을 잘 알고 있다.

그러나 조금도 부족함 없는 삶이 무엇인지 안다면 그것을 간절히 원할 것이다. 아무리 어려운 문제라도 하나님의 도움을 받으며 삶을 지켜가고 싶다면, 시험이 올 때 잘 분별하고 인내를 배워가는 것이 방법이다.

교회 사역도 그렇게 가고 있는 중인 것 같다. 개인만 성숙해져가는 것이 아니라 교회도 함께 지어져가며 성숙해진다. 조금만 어려워도 전 교인이 시험에 드는 교회, 아예 시험에 들어버린 교회가 아니라, 시험이 올 때 함께 분별하며 인내로써 이겨내면 조금도 부족함 없는 교회가 될 수 있다. 조국의 모든 교회가 그렇게 시험을 이겨내는 중이라고 생각한다. 그러므로 기뻐하자.

내 형제들아
너희가 여러 가지 시험을 당하거든
온전히 기쁘게 여기라
이는 너희 믿음의 시련이
인내를 만들어내는 줄 너희가 앎이라
인내를 온전히 이루라
이는 너희로 온전하고 구비하여
조금도 부족함이 없게 하려 함이라

약 1:2-4

시험
매뉴얼3
_신뢰 회복

관계의
주인

목회를 하면서 많은 사람들을 만난다. 점점 관계 자체에 대한 마음은 식어간다. 사람을 삼가라 하셨던 예수님의 말씀에 비추어 좋은 것인지 아니면 관계에 대한 좋지 않은 경험이 늘어가면서 위축되고 있는 것인지 잘 모르겠다.

그동안 경험한 관계의 내용을 대략 세 가지 정도로 정리할 수 있다. 관계 자체에 매여있는 관계, 이해관계로 관계의 내용이 순식간에 달라질 수 있는 관계, 외면할 수 없는 관계이다.

매여있는 관계는 관계의 주도권이 상황이나 다른 사람에게 있어서 내가 원하지 않는 행동을 많이 하게 된다. 그러지 않으면 무언가 뒤탈이 있을 것 같은 두려움을 느끼기 때문이다.

바로 연락해서 마음을 만져주지 않으면 교회를 옮기거나 불평할 것 같은 위기감을 느낀다. 그래서 그와 이야기를 나누면 당장은 무언가 된 것 같지만 관계 안에 구축된 힘은 약하다. 또다시 무슨 일이 생기면 아무런 관계의 내용이 없는 것처럼 새로운 위기가 온다.

오랫동안 함께 있었고 서로 많은 은혜를 경험했어도 순식간에 사이가 나빠지는 경우가 있다. 언제든 관계의 내용은 이해, 이익, 손해를 따라 아주 쉽게 바뀐다. 싸우기도 하고 떠나기도 한다. 관계가 좋아도 거기에 마음을 둘 수 없다. 무슨 일이 생기면 바로 관계의 내용이 바뀔 것이기 때문이다.

은혜를 받고 관계가 구축되어도 안심할 수 없다. 내가 원하는 대로 일이 되지 않는 경우에 아주 쉽게 불신이 다시 올라온다. 결코 안정감 있는 관계로 나아가지 못한다. 어제까지 가족 같았어도 순식간에 아무 관련 없는 사이가 될 수 있다. 전화도 함부로 할 수 없고, 전화해도 받지 않는 관계가 된다. 떠나면 그만이고, 전화 안 받으면 그만이고, 다시 보지 않으면 그만인 관계.

그러나 도저히 외면할 수 없는 관계도 있다. 어떤 일이 생긴다 해도 얼굴 표정을 싹 바꾸며 모르는 사람 대하듯이 할 수 없는 관계다.

나와 예수님의 관계가 여기까지 와 있다는 생각이 들었다. 예전에는 무슨 일이 생기면 그분을 모르는 듯한 마음 상태가 될 때가 있었다. 은혜를 많이 받고도 나를 방어하며 불신 가운데 예수님을 살피며 의심의 눈초리를 거두지 않았다.

하지만 지금은 예수님의 오랜 기다림과 설득과 은혜와 사랑으로 그럴 수 없는 관계가 됐다. 어떤 상황이라도 그분을 외면할 수가 없다. 관계의 내용이 항상 지켜지고 그 내용 안에서 모든 문제가 다루어진다. 물론 이렇게 되기까지 오래 걸렸다.

예수님을 향한 신뢰 즉 믿음은 삶의 모든 영역에 영향을 준다. 그러나 모든 관계가 이렇게 되는 것은 아니다. 관계의 주인이 내가 아니기 때문이다. 사실 예수님이 지켜주시지 않으면 아무리 애를 써도 되지 않는 것이 그분과의 관계 발전임을 깊이 느낀다.

가룟 유다가 예수님을 배반할 기회를 찾았다는 말씀을 보면, 무언가 말로 다 설명할 수 없는 어려움이 관계 안에 있는 것 같다.

마가복음 14장 10절은 "열둘 중의 하나인 가룟 유다가"로 시작한다. 그가 예수님을 배반하려는 시점에 성경은 그가 예수님의 열두 제자 중 한 명이었음을 다시 한번 명백히 밝힌다. 예수님과 가장 가까이 있던 사람들 중 한 명이 돈을 받고 그분을 팔았다는 것이다. 슬프게도 이는 관계에 대한 많은 체념을 하게 한다.

나로서는 관계를 맺는 것, 관계 안에서 안정감을 느끼는 것이 가장 주요한 삶의 내용이었다. 관계에 헌신하지 않고 어떻게 자비량으로 캠퍼스 학생들을 섬기며, 선교단체에 헌신할 수 있었겠는가?

그러나 이제는 부모 팔아 친구 사는 일은 하지 않는다. 관계에 실망해서가 아니다. 어떤 상황에서도 예수님을 도저히 외면할 수 없는 분으로 섬기게 되었고, 사람을 섬기는 일보다 그분을 섬기는 일이 더 중요해졌기 때문이다.

관계의 주인은 예수님이시다. 내가 좋다고 관계를 만들어 가는 것이 아니라 예수님을 생각하며 그분이 허락하시는 선까지 사람을 섬긴다. 내 욕심으로 사람을 섬기려 하면 예수님의 뜻을 벗어나서 결국 올무에 걸리게 되기 때문이다.

내가 원하는 것을
갖고 있는 분

《전적 의존》에서 아버지의 재산을 받아서 탕진한 둘째 아들에 관해 쓴 적이 있다. 그동안 이 본문으로 메시지를 여러 번 전하며 더 깊이 깨달은 것이 있다.

둘째 아들이 아버지의 재산을 받아 집을 떠난 것은, 돈을 쓰고 싶었기 때문일 것이다. 아버지의 재산을 내 것으로 만들고 싶다거나 아버지를 아주 떠나겠다는 마음보다는, 돈을 쓰고 싶은데 그 돈이 아버지에게 있기에 달라고 한 것 같다.

물론 결과적으로 그는 아버지를 떠났지만, 아버지에 대한 불신이나 분리에 대한 욕구보다는 돈을 쓰고 싶은 마음이 먼저였던 것 같다. 아버지는 좋은 분이다. 그럼에도 둘째는 아버지를 떠났다. 아버지가 믿을 수 없는 분이어서가 아니라 돈을 쓰고 싶은 마음이 컸기 때문이었다.

결국 불신은 내가 원하는 것이 생길 때 시작된다. 내가 원하는 것이 생기면, 그러니까 돈을 쓰고 싶어지면 돈을 가진 아버지에게서 받아내야 하기 때문에 불신이 생기고, 결과적으로 아버지와 완전한 분리가 일어난다.

그러니 내가 누군가를 불신하고 있다면 그가 진정으로 불신할 만한지 아니면 내가 원하는 것이 있는지를 살펴볼 필요가 있다. 불신할 만한 사람이거나 상황이라면 오히려 나와 아무 상관도 없을지 모른다. 불신이 아니라 정죄가 일어날 것이기 때문이다.

그러나 내 마음 안에 '불신'이 생겼다면 그것은 내 이해관계가 걸린 첨예한 문제일 수 있다. 그렇지 않고 상대가 진정으로 불신할 만한 사람이나 그런 상황이라면 내게 불신이 생기지 않는다.

새끼를 낳은 개가 지나가는 모든 사람을 향해 이빨을 드러내며 위협적으로 짖듯이, 사람도 이해관계가 걸리면 최대한으로 불신할 준비를 한다. 그것은 어떤 면에서 본성인지도 모른다. 본성을 외면하면 사람이 파괴되거나 도식적이 되기 쉽고, 은혜로 본성을 다스리지 않으면 죄와 사망이 나온다.

아주 간단한 내 욕심이 불신을 불러올 수도 있다. 문제는 우리도 둘째 아들처럼 자신 안에 있는 불신의 내용을 잘 파악하지 못한다는 것이다. 아직 살아있는 아버지의 돈을 달라는 것부터 이상하고, 그것을 당연한 것처럼 받아내는 것은 더 이상한데 그에게는 아무 문제의식이 없다.

관계 안에 있는 고통이 문제의 본질일 수 있다. 아무리 뭐라고 말해도 지금 고통스러운 마음이 있고, 불신을 느끼는 것이 문제의 본질일 수 있다. 근본적인 문제는 둘째 아들이 돈을 쓰고 싶었다는 것이다. 아버지의 어떠함이 문제가 아니었다.

> 그 둘째가 아버지에게 말하되
> 아버지여 재산 중에서
> 내게 돌아올 분깃을 내게 주소서 하는지라
> 아버지가 그 살림을 각각 나눠주었더니
> 그 후 며칠이 안 되어
> 둘째 아들이 재물을 다 모아 가지고
> 먼 나라에 가 거기서 허랑방탕하여
> 그 재산을 낭비하더니
>
> 눅 15:12,13

가룟 유다가 예수께 원한 것은 무엇이었을까? 둘째 아들이 아버지에게 원한 것은 '돈'이었다. 요한복음은 유다가 돈을 원했다고 정확하게 짚고 있다.

이렇게 말함은

가난한 자들을 생각함이 아니요

그는 도둑이라

돈궤를 맡고 거기 넣는 것을 훔쳐감이러라

요 12:6

사람은 돈을 원한다. 그래서 우리 삶의 불신은 돈을 원하는 마음과 함께 상존한다. 돈과 관련된 문제가 생기면 바로 불신에 불이 붙는다. 둘째 아들이 원하는 돈을 아버지가 갖고 있었다. 그래서 불신은 내가 원하는 것을 갖고 있는 사람과의 관계에서 일어날 수 있다.

아버지는 좋은 분이지만 내가 원하는 것을 받아내려면 내가 원하는 대로 관계를 만들어야 한다. 그 관계의 내용이 불신이다. 아버지와 아들은 원래 행복했을 것이다. 아버지는 부요하고 따뜻하며 아들을 사랑했다. 아들을 사랑하는 마음으로 길렀다.

그런 관계에서는 아들이 아버지에게 순종할 수밖에 없다. 그러면 돈을 받아낼 수가 없다. 아버지를 떠나서 돈을 마음껏 쓸 수 있는 관계의 내용이 되어야 한다. 물론 내가 원하는 것 때문에 불신이 일어나는지 아니면 불신의 관계에서 내가 원하는 것을 찾았는지는 잘 모른다.

적어도 누가복음의 아버지와 아들 사이에는 먼저 불신이 생길 일은 없어 보인다. 전에 아주 조직적으로 자신이 원하는 것을 위해 관계를 순식간에 자기가 원하는 대로 만들어가는 사람을 보았다. 무서웠다. 어느 순간 관계가 이상해져있는데 결과가 그 사람이 원하는 대로 가고 있었다. 그런 일을 잘하는 사람들은 따로 있는 것인지….

내가 원하는 것을 갖고 있는 사람은 나를 도와준 사람일 수도 있다. 나를 도와줬어도 내가 원하는 것을 위해서라면 기꺼이 불신을 만들고 관계를 정리하는 것이 사람이다. 우리 스스로를 과대평가하지 말아야 한다.

우리 모두 하나님 아버지께 받은 은혜를 잊어버리고 내가 원하는 것을 위해 불신을 마다하지 않던 사람들이다. 그러니 내 불신을 돌아봐야 한다. 불신은 내 삶에 상존하기에 내가 원하는 것이 있으면 금세 일어난다. 내가 원하는 것을 줄 수 있다는 생각이 드는 대상이라면 누구에게나.

둘째 아들이 돈을 받아서 아버지를 떠났을 때, 불신이 완성되었다. 아들이 아버지에게 고마워하거나 미안해하는 모습은 보이지 않았다. 며칠이 안 되어 not many days later 그는 바로 집을 떠났고, 돈을 쓰기 시작했다.

그가 돈을 받은 것은 불신이 완전하게 달성되는 순간이었다. 내가 원하는 것이 이루어지면 신앙심이 깊어질 수도 있지만 만약 그것이 불신으로 말미암았다면 그때부터 신앙에 진짜 문제가 생길 수도 있다.

내가 원하는 간단한 것이 불신을 만들면 아무리 행복하고 좋던 관계도 깨진다. 더욱이 그것이 자신을 죄와 사망으로 몰아갈 수도 있다. 그러므로 내가 원하는 간단한 것과 불신의 내용을 잘 정리하고 돌아볼 필요가 있다.

기다림 그리고
기억

둘째 아들이 아버지에게 돌아온 것은 그가 스스로 돌이킨 결과라고 성경은 말씀한다. 여기서 '스스로 결정하는 것'의 중요성을 돌아보게 된다.

주일 예배를 3부로 나누었다. 10시에 시작하는 1부 예배 설교를 내가 맡고, 2부와 3부 예배는 전도사님들이 하도록 맡겼다. 성도 수가 많아져서 부득이하게 나눈 것이 아니라 장소가 협소해서였다.

또한 교회의 방향에 따른 것이었다. 우리에게는 각자 제자로 사는 훈련을 해야 한다는 원칙, 사람을 의지하거나 함께 뭉쳐서 사람을 모으고 돈을 모아 이벤트 하듯이 사역하지 말자는 원칙이 있었다.

구역장 회의를 할 때 각자 의견을 냈는데 그 중에 모두가 공감하는 내용이 있었다.

"이런 선택의 방향이 옳은 것 같기는 하지만 우리가 선택하지는 않았습니다."

나는 미안했다. 공감한다고 말하고 따뜻하게 설명했지만 여전히 미안했다. 스스로 선택하도록 도와야 하는데 성격이 급해서 내가 간섭하고 말았다. 기다리지 못했다. 성도들에게 미안하고 하나님께 많이 죄송했다.

이에 스스로 돌이켜 이르되
내 아버지에게는 양식이 풍족한 품꾼이 얼마나 많은가
나는 여기서 주려 죽는구나

눅 15:17

모든 것이 정리되려면 스스로 돌이키는 것이 중요하다. 만약 아버지가 아들을 찾아와 같이 돌아가자고 했다면 그것은 아들의 결정이 아니라 아버지의 결정이 된다.

둘째 아들이 스스로 돌이켰기에 그가 처한 비극적인 상황과 아버지의 집에 있는 풍족함이 의미가 있었다. 스스로 말했듯이 그는 주려 죽을 뻔한 상황에 처해있었다. 아버지의 집으로 돌아가는 것 외에는 살 방법이 없었다.

최악의 상황에서 스스로 내린 결정은 다시는 돌이키지 않는 결정일 것이다. 주저함 없는 정확한 결정일 것이다. 그렇게 스스로 결정해서 돌이켜야 한다. 그러려면 기다려주어야 한다.

물론 기다리는 아버지는 고통스럽다. 기다리는 것은 가장 힘든 일 중 하나이다. 사랑하니까 기다릴수록 고통스럽다. 그래서 기다리는 것이 사랑이다. 나는 기다리지 못한다. 그래서 계속 기다려야 하는지도 모른다.

둘째 아들은 스스로 돌이키면서 아버지의 집에는 일꾼들과 양식이 풍족함을 기억했다. 생명에 대한 경험은 소중하다. 그래서 아버지의 집은 생명을 경험하는 곳, 생명을 기억하게 하는 곳이어야 한다.

아버지는 언제나 잃어버린 아들을 찾아야 한다는 영혼을 향한 마음, 즉 생명에 뜻이 있었다. 그러나 작은아들과 큰아들은 둘 다 돈에 마음이 있었다. 둘째가 돈을 탕진했는데 왜 잔치를 벌이냐며 불평하던 큰아들의 태도를 보면 알 수 있다.

어쩌면 돈에 대한 마음은 생명의 정반대편에 있는지도 모른다. 왜 다들 돈을 중요하게 여기는지 모르겠다. 생명에 비견할 수 있는 혹은 생명과도 바꿀 수 있는 것이 돈인가? 아버지의 뜻은 영혼을 살리는 것이다. 아버지의 집은 생명이 풍성하여 사람을 살리는 집이다.

둘째는 아버지 집에 돌아가서 자녀가 아니라 일꾼 중 한 명이 된다 할지라도 그 생명에 자신을 의지하겠다고 결정했다.

둘째는 아버지가 주시는 생명을 기억하고, 그것을 얻기 위해 돌아왔다. 그래서 자녀가 아니라 일꾼이 되어도 괜찮았다. 그러나 아버지가 준비한 것은 잔치였다. 제일 좋은 옷을 입히고, 손에 가락지를 끼우고, 신발을 신겼다. 그는 아들로 완벽하게 인정을 받았다.

잔치는 모든 것이 완전하게 용서되는 분위기이다. 잔치를 벌이고 나서 갑자기 얼굴을 바꿔서 지난날을 따지지는 않는다. 더군다나 제일 좋은 옷을 입히고 신발도 신겨주지 않았는가! 그것은 아들로서 신분의 회복을 의미한다. 아버지가 주신 것이다.

아들이 돌아온 것을 기뻐하여 잔치를 벌였기에 잔치를 위해 필요한 것은 단 하나였다. 그저 아버지의 집으로 돌아오는 것, 그것 하나면 충분했다. 다른 것은 필요하지 않았다.

둘째가 돌아와서 잔치를 벌였으면, 잔치를 벌인 아버지의 결정이 그를 향한 최종 결정이 된다. 그러므로 모든 사람들은 그것을 받아들이고 함께 잔치에 참여해야 한다.

part 3

시험
대응법

우리가 시련을 겪을 때 믿음이 뿌리를 내린다. 어렵다
고 예수님을 외면하는 신앙이 아니라, 어려울 때 더욱
친밀하고 신실한 믿음이 되는 과정이다.

개인의
시험 대응법

시험은
감당할 수 있다

　추울 때 묵상모임에 가는 것도 즐겁지만 따뜻할 때 가는 것
도 즐겁다. 밤새 자다 깨다를 반복하면서 일찍 일어나 2시간
거리를 가도 즐겁다. 사실 '단 한 사람과 30분 정도 묵상모임
을 하러 가는 것이 이렇게 힘이 드는가' 하는 생각도 들지만,
그래도 즐겁다. 기쁘게 가는 중에 불현듯 어두운 생각이 든다.
　'얼마 전까지 예수님을 믿지 않던 사람이 믿게 되고, 묵상모
임을 하고, 말씀 안에서 살아가는 기쁨을 누리게 되다니! 묵
상모임을 기다리면서 언제 하냐고 연락을 해오다니! 이런 초
고속 성장이 있나.'
　과거 같으면 그냥 기뻐하기만 했을 것이다. 그러나 사역을
하면서 여러 일을 겪다 보니 곧 시험이 올 것이라는 생각이 든
다. 사실 이런 적이 여러 번 있었다.

문제가 해결되고, 성장하고, 기뻐하다가 어느 날부터 시험에 시달리더니 결국 교회를 떠나는 일이 종종 발생했다. 기쁨으로 성장하던 새신자가 갑자기 사라지면 그 충격과 상실감이 훨씬 크다. 사역을 하고 싶지 않고, 교회는 활기를 잃는 것 같다.

새신자가 와서 함께 성장하고 즐겁게 봉사하는 것보다 교회를 활기차게 하는 일은 없다. 그렇기에 그런 사람들이 떠나면 충격을 받는다. 하지만 몇 번 겪다 보니 마음의 준비를 하게 된다.

'곧 시험이 올 것이다. 어떻게 해야 하나?'

마음이 무겁다. 곧바로 떠오르는 말씀이 있다.

사람이 감당할 시험밖에는

너희가 당한 것이 없나니

오직 하나님은 미쁘사

너희가 감당하지 못할

시험 당함을 허락하지 아니하시고

시험 당할 즈음에 또한 피할 길을 내사

너희로 능히 감당하게 하시느니라

고전 10:13

시험이 또 오고, 함께 어려움을 겪고, 사람이 달라지고, 그동안 있었던 기쁨의 성장이 사라져도 감당할 수 있으리라는 확신이 든다. 전에는 이 말씀과 시험이 온다는 것이 별개였다. 그러나 말씀이 나를 설득하시고 믿게 하신다. 그렇다. 말씀대로 될 것이다. 나는 말씀을 믿는다.

신앙이 어린 사람이 기쁨으로 성장하는 것이 아슬아슬하고, 시험이 오면 갑자기 사람이 달라져서 상실감이 클 것 같지만 말씀대로 감당할 수 있을 것이다. 하나님은 감당할 수 있는 시험만 허락하신다. 그분은 신실하시다. 우리는 신실하신 하나님을 믿어야 한다. 그분이 감당하게 하실 것이다.

마음을 바꾸어서 기도하니 평안해진다. 교회에 시험이 와서 어려움 중에 있지만 믿음을 지키고 성장하고 있다. 나도 두려움으로 사람을 돕는 것이 아니라 믿음 속에서 돕고 있다. '감당할 수 있는 시험'이라고 생각하면 훨씬 안정감 있게 도울 수 있다.

그러나 '사람이 변하여 나를 원망하면 어떻게 하나?' 하는 마음으로 도우면 믿음의 역사를 경험하기가 쉽지 않다. 같이 불안하기 때문이다. 그러나 하나님의 신실하심을 믿고, 말씀의 약속을 믿으며, 함께 시험을 분별하면 강건함이 생긴다. 두렵지 않다. 시험이 힘을 잃는다.

오는 시험을 막을 방도는 없다. 그러니 신실하신 하나님께서 감당하게 하신다는 것을 믿고 마음을 지켜야 한다. 시험이 주는 상처와 고통을 무서워하여 미리 겁먹으면 안 된다. 말씀처럼 언제나 시험은 감당할 수 있는 일로 오니까.

시험이 오면 말씀과 하나님의 신실하심을 기억해야 한다. 시험은 감당할 수 있는 일이다. 감당할 수 없는 시험은 오지 않는다. 오더라도 하나님께서 피할 길을 주실 것이다.

시험이 **오면** 기뻐해야 한다

시험이 오면 감정적으로 기뻐할 수 없다. 시험을 통해 인내를 이루고, 조금도 부족함 없는 삶이 된다는 야고보서 말씀을 떠올려봐도 기뻐하기 힘들다. 시험 자체가 없고, 축복만 있어야 기쁘니까.

그러나 시험이 없고, 은혜와 축복과 성공만 있는 인생은 없다. 만약 그런 인생이 있다 해도, 예수님의 십자가를 생각할 때 그분을 따르는 삶은 아닐 것이다. "예수님을 믿으면 시험이 온다"라는 것이 성경의 가르침이다. 예수님도 40일을 금식하신 뒤에 성령께 이끌리어 광야에서 시험을 당하셨다.

우리 삶에도 시험이 있다. 시험이 없는 날의 평강과 기쁨이 있지만 시험의 날에도 기쁨은 있다. 예수님이 말씀하신 바위 밭의 비유에서 보듯이 열매를 맺으려면 시련이 온다. 시련이 올 때 뿌리가 없으면 말씀의 열매를 맺지 못하고 쓰러진다. 성경은 이를 '배반'이라고 말씀하신다.

바위 위에 있다는 것은
말씀을 들을 때에 기쁨으로 받으나
뿌리가 없어 잠깐 믿다가 시련을 당할 때에
배반하는 자요
눅 8:13

우리가 시련을 겪을 때 믿음이 뿌리를 내린다. 어렵다고 예수님을 외면하는 신앙이 아니라, 어려울 때 더욱 친밀하고 신실한 믿음이 되는 과정이다.

어려움을 함께 통과한 친구는 둘도 없는 사이가 된다. 어떤 사업가가 사업에 실패해서 밥을 굶게 되었다고 치자. 모든 사람이 다 그를 떠났지만 한 사람만 떠나지 않고 그와 함께 굶으며 같이 있었다. 나중에 사업가는 재기에 성공해서 큰 사업을 하게 되었다. 그때 같이 밥을 굶었던 사람은 어떤 위치에 서게 될까?

시험을 겪을 때 우리는 예수님과 함께 있어야 한다. 아주 전망 있는 정치인이나 사업가가 소신을 지키다 어려움을 겪을 때 그와 같이 있는 사람이 되는 것은 즐거운 일일까, 슬픈 일일까?

시험을 참는 자는 복이 있나니
이는 시련을 견디어낸 자가
주께서 자기를 사랑하는 자들에게 약속하신
생명의 면류관을 얻을 것이기 때문이라

약 1:12

시험을 참는 자는 복이 있다. 시험을 참는 것은 주님을 사랑하는 일이다. 시험이 올 때 그분을 의지하는 것은 더욱 깊은 믿음, 신뢰로 가는 길이다. 시험이 오면 이런 일을 겪는다고 생각하고 마음을 정해야 한다. 그러면 한결 객관적으로 시험을 보고 담대하게 맞설 수 있다.

시험을 통과한 **관계만** 의미가 있다

문제가 해결되고, 믿음이 성장하고, 훈련이 의미가 있고, 은혜가 있으면 성도들이 목사를 따뜻하게 대해준다. 좋은 마음으로 선물도 해주고, 가끔 헌금도 해준다. 아주 행복하다. 그러나 시험이 오면 사람이 달라지고, 목사를 피하고, 훈련이 의미가 없어진다. 심하면 교회를 떠난다.

그래서 간절히 시험이 없기를 기도했다. 시험이 오지 않고 이 사람을 지킬 수 있기를. 그러나 그런 일은 가능하지 않았다. 항상 시험은 왔고, 사람은 변했고, 교회는 힘들었다. 그래도 이 정도는 그나마 낫다. 정말 훈련된 사람이 교회에 온다. 그가 있는 것만으로도 교회에 도움이 된다. 나도 좋고 성도들도 좋아한다. 그런데 시험이 온다.

사실 시험이 올 줄 알고 있었지만 너무 두려웠다. 만약 이런 상황에 시험이 온다면 교회에 미치는 영향력이 크고, 후유증도 클 것이었다. 생각만 해도 괴롭고, 감당할 수 없을 것 같은 생각이 들었다. 설사 시험을 통과한다 해도 관계와 사역의 내용은 많이 달라질 것이었다.

지금까지는 도움을 주고받았다는 따뜻한 신뢰가 바탕이 되어 교회의 방향을 이해하고, 굳이 돌보지 않아도 같이 사역하는 동역자가 되고, 내가 다 돌보지 않아도 다른 사람들을 도울 수 있어서 역할 분담이 되었다.

그러나 시험이 오면 이런 관계가 순식간에 사라진다. 과거에 도와준 것은 의미가 없고, 지금 자기가 원하는 사역을 진행하는 데 얼마나 권한을 줄 수 있는지가 중요해진다. 그러면 편을 갈라 '이 사람이 마음에 들지 않으면 저 사람에게 간다'라는 식으로 교회가 나뉘고, 사역은 정치적 구조의 이해에서 벗어날 수 없게 돼버린다.

순전한 의도는 사라지고, 무엇을 해도 정치적이 된다. 누구의 일이고, 누가 주도적이고, 누가 드러날 것인지를 따지게 된다.

오후에 전화가 왔다. A전도사가 몸이 좋지 않아서 수요 기도회 모임에 참석하기 어렵다고 했다. 그동안 교회 사역을 하면서 내가 견지해온 태도는 "해야만 하기 때문에 어쩔 수 없이 하는 일은 만들지 않는다"였다.

언제든 자신의 상황을 돌아보고 억지로 하는 일 없이 즐거운 정도로 일하도록 했다. 그래서 몸이 좋지 않아서 기도회에 참석할 수 없다는 말은 충분히 할 수 있으며 별 문제가 되지 않았다. 그런데 무언가 마음에 부담이 되고 석연치 않았다. 다른 이유가 있는데 몸이 아프다고 하는 것 같았다.

마음이 무겁게 가라앉는다. 즐거움으로 함께 사역하던 시간은 이미 물 건너갔다. 사역에 대해 권한을 어떻게 나누고, 저마다 자기가 어느 정도 무엇을 할 수 있는지가 중요해진 지 꽤 되었다. 성도 60명인 교회에서 예배를 3부로 나누고 내가 1부 예배에서만 설교를 하게 된 것도 동역자들에게 다가온 시험이 중요한 이유였다.

늘 그랬듯이 재정도 받아야 하고, 자존심도 지켜야 하며, 사역적인 의미도 있어야 하고, 앞으로 단독 목회를 향한 전망도 있어야 했다. 그리고 나는 그것을 도와야 했다.

다행히 우리는 시험에 대해 함께 이야기하며 어느 정도는 분별해왔다. 하지만 그날은 참석하지 못하는 미안함보다는 무언가 무겁고 적대적인 느낌을 받았다. 사실 나는 준비모임만 도와주고 기도모임에는 참석하지 않았다. 준비모임에서 은혜의 방향이 잡히면 사람들이 모여 기도 할 때 폭발적인 은혜가 있었다.

겨우내 기도모임을 쉬고 준비모임을 해왔기에 내가 굳이 참석할 이유가 없어져서 동역자들이 인도하도록 자리를 비켜주었다. 그리고 사람들이 많이 모여서 뿌듯함을 느끼는 것에 대해 가르쳐왔기에 굳이 모임을 나누지는 않았다. 다 같이 모여도 각자 진정한 기도 사역자로서 함께 사역을 경험하는 시간이 될 것이기에.

그래도 시험은 물러가지 않았다. 시험하는 자의 시험이 의미가 없어져야 그칠 것이었다. 예전보다 훨씬 차분하게 기도했다. 사역자로서 슬프거나 화나거나 불안하지 않았다. 시험을 분별하고 시험이 물러가도록 기도했다. 좋은 마음, 도와야 한다는 마음이 강하게 들었다.

회계 집사에게 A전도사가 몸이 좋지 않다고 하니 과일을 사서 보내면 어떻겠냐고 제안했다. 그가 과일을 먹고 건강해지고 가족 모두 즐거웠으면 좋겠다는 마음이 들었다.

하지만 시간이 흐를수록 그런 마음이 사라졌다. 무언가 시험 속에서 이런 것들이 파악된다는 생각이 들었다. 다시 A전도사에게 전화를 했다. 그는 사람을 만나는 것이 힘들어서 거절했다고 했다. 나는 따뜻하게 말했다.

"네게 처음 교회에 오라고 할 때 사례도 할 수 있고, 대학원 납부금도 도울 수 있으니 같이 있자고 했었지. 너도 그때의 마음이었으면 좋겠다. 그런 마음으로 나중에 교회가 분립되면 좋겠고.

네 대학 후배가 좋은 교회의 담임목사가 되었다는 것이 지금은 네게 시험이 되겠지만, 어떤 일을 할 것인지보다 영혼을 돌보는 마음으로 우리가 같이 있을 수 있다면 반드시 네 사역이 생길 것이다. 시험에 들지 말고 시험을 분별해야 한다."

그가 아주 어려운 중에도 내 말을 들었다. 보통 이 정도 시험이 오면 관계가 많이 상하고 정상적인 대화가 어렵다. 상태가 좋을 때 신뢰 속에서 자유롭게 나누던 깊이 있는 대화가 사라진다. 그러나 우리는 신실한 대화가 가능했다.

그는 시험이 올 때 어떻게 해야 할지 모르겠다고 했다. 진실한 마음으로 들렸다. 시험인 줄 알지만 마음이 가라앉고 힘든 것 같았다. 내가 말했다.

"네 어떠함으로 받아들이지 말고, 먼저 시험을 생각하고 대적했으면 좋겠다. 시험 속에 들어가 생각하지 말고, 시험이 물러가도록 기도해라."

물론 시험에 반응하는 욕심이 있지만 그보다 먼저 시험을 분별하고 대적해야 한다. 늘 시달리는 문제니까 어느 정도 감각도 있고, 과정도 알 것이다. 그가 주의 깊게 듣는 것 같았다.

나이가 든 자매들은 결혼 문제를 생각하면 좋았던 컨디션이 한꺼번에 무너진다. 마찬가지로 나이 든 사역자들은 자신만의 사역지를 생각하면 무너진다.

함께 시험을 분별하자, 그의 마음이 조금 풀렸다. 과일을 받기로 했다. 그것은 과일이 아니라 따뜻한 마음이기 때문이었다. 시험이 힘을 잃으면 그동안 시험 속에서 해석되던 것들이 새롭게 해석된다. 나는 시험을 함께 이야기할 수 있는 지금의 관계가 더 좋다.

시험이 없다면 마냥 좋기만 한 예전의 관계가 좋았을 것이다. 그러나 시험을 피할 수는 없지만 그것을 함께 분별하고 신실하게 대화하며 장래 전망을 기도하는 지금이 더 좋다.

비록 조건 없는 신뢰와 보호와 충성은 사라졌지만 말 한마디 조심하고 의도를 자주 설명해주어야 하는 지금이 더 좋다. 마냥 좋은 관계로는 시험을 이길 수 없다. 그러나 함께 시험을 분별하면서 통과한 관계는 시험이 와도 무너지지 않는다. 교회는 그렇게 강건해지고 방향을 잡아간다.

시험을 몰랐다면 서운한 마음에 화가 났을 것이다. 내가 지금껏 도와주었는데 어떻게 이럴 수 있느냐고. 그렇게 하면 사람이 떠난다. 평생 나 혼자 있을 것이다. 혼자 있을까 봐 참는 것이 아니다. 지난 시간 동안 시험에 속았던 것이 너무 안타깝다. 이제는 절대 시험이 원하는 대로 되지 않을 것이다. 다시는 시험이 기뻐하는 일은 없을 것이다.

믿음을 살피고
기도로 지혜를 구한다

마태복음 4장에서 예수님은 마귀에게 시험을 당하신다. 3절에서는 마귀의 또 다른 이름을 "시험하는 자"the tempter라고 한다. 시험은 단지 불운함의 연속이거나 알 수 없는 두려움이 아니다. 시험하는 자가 믿는 사람들의 믿음을 연약하게 만들려고 일으키는 유혹이다.

복잡하고 힘든 상황 속에서도 정신을 차리고 스스로의 믿음을 살펴야 한다. 그리고 믿음이 공격을 받고 있다는 생각이 들면 바로 시험인 줄 깨닫고, 기도의 등불을 켜야 한다. '혹시 시험이 아닌가?' 하는 생각을 마음 한편에 늘 가져야 한다. 자세히 살피면 시험인지 아닌지 분별을 할 수 있고, 만약 시험이라면 그에 맞게 대응해야 한다.

우스갯소리를 한마디 하면, 만약 욥의 친구들이 그가 겪는 어려움이 원수가 주는 고통인 줄 알았다면 욥기가 짧아졌을 것이다. 그들이 욥과 함께 원수를 대적했을 것이기 때문이다. 수많은 논쟁 끝에 서로를 정죄한 것은 원수가 행한 일에 대한 고려가 없었기 때문이 아닐까 싶다.

물론 하나님은 선하시고, 우리가 선하신 그분을 믿는 것은 원수가 뭘 하든 말든 변함없이 가장 우선되는 일이다.

예수님은 베드로가 사단이 밀 까부르듯 하는 시험을 앞두고 있을 때 기도하셨다. 그는 예수님의 기도로 믿음을 지킬 수 있었고, 다시 그분을 사랑하는 제자가 되었다.

예수님은 시험이 오면 기도해야 한다고 여러 차례 말씀하셨다. 야고보서 1장 5절에서도 기도로 지혜를 구해야 한다고 말씀하신다. 기도하면 시험이 올 때 내 믿음을 지킬 수 있다. 시험에 속아서 두려워하거나 원망하는 반응을 하지 않고, 시험이 나를 붙잡는 것을 막을 수 있다.

시험을 분별하고 기도하기 시작하면 시험의 근본적인 의도, 즉 내 믿음을 연약하게 만들어서 원망하게 하려는 것으로부터 믿음을 지킬 수 있다.

믿음을 지키고 믿음 안에서 기도하기 시작하면 시험이 물러가도록 기도할 수 있다. 시험에 들면 사람과 상황에 대해 갑갑하고 두려운 마음으로 기도하게 된다. 그러나 시험을 분별하고 믿음을 지키면 시험 자체가 물러가도록 기도할 수 있다. 그때부터 시험은 현저히 힘을 잃는다. 시험이 물러가기 시작한다. 또한 시험이 주는 상황을 어떻게 대처해야 할지 알게 된다. 상황이나 다른 사람의 반응에 얽매이지 않고 예수께서 주시는 진실을 알게 된다.

시험이 오면 모든 사람의 마음은 시험의 영향을 받는다. 시험이 주는 것에 속을 수 있다는 의미이다. 그러나 기도하기 시작하면 속지 않고 진리에 기반한 예수님의 뜻으로 마음을 정할 수 있다.

상황과 사람들의 의도를 분별하고, 예수님의 진리가 서도록 기도하면 상황과 사람들이 진리에 반응하기 시작할 것이다. 기도하는 사람의 마음과 말과 행동을 통해 사람들은 진리 되신 예수님의 뜻이 우뚝 서는 것과 시험이 물러가는 것을 보게 된다.

지난 시험의
대응과정을 분석한다

　상황이 발생하고, 사람들이 보이고, 그에 따른 반응이 있고, 상처가 남는 시험의 결과가 내 삶에 늘 있었다. 애초에 시험이 오지 않게 막을 수는 없지만 왔던 시험을 분별하여 앞으로의 삶을 대비하는 것이 좋다.

　첫 단추가 중요하다. 시험을 분별하여 시험에 맞게 대응했는지 잘 살펴야 한다. 시험인 줄 모르면 계속 속게 된다. 처음부터 '혹시 시험이 아닌가?' 하고 생각했는지, 시험이라면 그에 맞게 믿음으로 대응을 했는지 등을 점검해야 한다.

　낙담하고 상황을 원망하기 전에 항상 시험에 대응하는 첫 번째 분별을 점검해야 한다. 만약 놓쳤다면 다음에는 깨어 살펴야겠다고 다짐하며 생각을 정리해놓아야 한다. 나중에 시험에 속았다는 것을 알면 이를 갈게 된다.

그래서 누가 시키지 않아도 열심히 주의를 기울인다. 속아서 당하는 것만큼 화나는 일은 없다. 호구(만만하고 속이기 쉬운 사람) 고객 즉 호갱이 되면 정말 화가 난다.

내게 자주 오는 시험이 있다. 시험이 의도를 달성할 수 없을 때까지 상황을 바꿔가며 계속 올 것이다. 그러나 시험에 맞게 대응하면 사라질 것이다.

자주 오는 시험은 내 욕심을 일정하게 건드린다. 내 욕심이 반응하도록 온다. 그래서 시험에 반응하는 내 욕심을 살펴야 한다. 그러면서 낙담하지 말아야 한다. 사람은 누구나 연약하기에 해결되지 않은 욕심이 있다. 또 나이가 들고 그 상황이 되어야만 나타나며 필요한 욕심이 있다.

자신이 천사라고 생각하면 실수한다. 자신의 욕심을 알고, 시험에 반응하는 욕심의 내용을 알면 다음에는 보다 효과적으로 시험에 대응하게 될 것이다.

나아가 시험이 일으키는 결과를 잘 살펴야 한다. 시험이 오면 사람이 떠나거나 원망을 듣거나 평판이 나빠진다. 항상 그런 것은 아니지만 예수님을 따를 때 사람들에게 미움을 받을 수 있음을 알아야 한다.

"예수님을 잘 믿으면 모든 사람에게 인정을 받는다"라는 것은 성경의 가르침이 아니다. 심지어 성경은 마지막 때에 우리가 모든 사람에게 미움을 받을 것이라고 말씀한다.

물론 성경은 사람들에게 좋은 평판을 받아야 한다고도 말씀한다. 교회의 지도자를 세울 때는 칭찬받는 사람, 외인에게서도 선한 증거를 얻은 사람을 세우라고 하셨다(딤전 3장 참조).

시험이 올 때 사람들에게 받았던 인정이 사라지고 원망을 들을 수 있다. 그런 일에 당황하지 않고 계속 예수님을 따를 수 있게 준비해야 한다. 사람들의 인정에 일희일비하지 않아야 한다. 사람들이 따라야 내가 일할 수 있는 것이 아니라, 예수님이 써주셔야 일할 수 있다.

사람들의 원망은 일시적이지만 예수님의 인정은 영원하다. 사람들을 의식하여 결과에 괴로워하고, 내가 원하는 결과를 이루려 했지만 실패했던 지난 시간을 반복해서는 안 된다. 반드시 예수님이 나를 높여주실 것이라 믿고 그분의 때를 기다리자.

결과는 반드시 바뀐다. 조급해하지 말고 시험이 물러가고 예수님이 역사하시는 때를 기다려라. 시험인 줄 분별해야 조급함을 버릴 수 있다. 시험이라면 내가 급하다고 해서 쉽게 해결되지 않는다.

인내는 무조건 참는 것이 아니라 시험을 분별하는 데서 오는 지혜이다. 결과는 예수께서 결정하신다. 결과를 바꾸는 것이 시험이 아니라 내 믿음이 되어야 한다. 과거의 결과를 두려워하지 말고, 상처로만 기억하지 말고, 믿음으로 새롭게 할 수 있다는 강건함을 가져라.

과거에는 교회에서 무슨 일이 일어나면 두려웠다. 사람들이 떠날까 봐, 나를 원망할까 봐. 지금도 쉽지는 않지만 다른 마음이 생겼다. 두렵지 않다. 교회는 예수님이 주인이시니 주인이 결정하시는 대로 될 것이다. 내가 두려워할 일이 아니다. 나는 그냥 예수님만 따르면 된다.

지금은 조금 어려워도 이유가 있어서 그럴 것이다. 다 예수님이 생각하고 계신다. 내게는 시험을 통해 믿음을 강건하게 하는 것이 필요하다.

'시험이 물러가면 전혀 다른 상황에서 예수님이 결정하신 대로 결론이 날 것이다. 믿음 안에서 시험을 이기고 행복할 수 있다.'

이렇게 마음을 정한다.

시험에 대한 **반응과**
시험의 유형

시험은 상황과 사람의 반응에 대해 추측하게 만든다. 좋은 추측이라도 상태가 좋을 때는 잘 일어나지 않는다. 누군가를 향해 추측이 일어나는 것을 경계하라. 상황과 사람을 보면서 추측이 계속 일어나고, 어떤 행동이 나올 것 같다면 스스로를 잘 살펴야 한다.

건강한 추측이라면 마음에 담아두지 않아도 좋다. 좋은 마음으로 다른 사람을 섬기고 잊어버리면 된다. 나와 관계된 어떤 결정을 누군가가 할 수 있는데, 그것이 내게 불리할 것 같을 때 추측은 왕성해지고, 시험은 의도를 달성한다.

시험이 오면 다른 사람이 나를 손해 입힐 것 같은 의심을 가지고 상대를 살피면서 반응하게 된다. 그런 상황에서는 모든 마음과 말과 행동이 시험의 범주 안에서 해석되고 전달된다.

진실은 사라진 채 정치적이고 이해관계가 첨예한 해석들만 남는다. 그 상황 안에 있는 모든 사람이 시험에 노출되었다고 볼 수 있다.

분열된 공동체에 가서 말씀을 전하면 종종 이런 일을 겪는다. 보통은 강사를 환영한다. 예전 같지는 않지만 아직은 말씀 사역자를 향한 존중과 배려가 있다. 그러나 깨어진 공동체에 가면 살피는 것만 있다. 존중 없이 심지어 의심의 눈초리로 사람을 살피는 곳에서는 사실 아무 힘을 쓸 수가 없다.

시험에 든 사람들의 의심은 강력하다. 설교 내내 힘들고 혹여 마음에 들지 않는 내용이 나오면 바로 강의실의 분위기가 얼어붙는다. 사람들은 자리를 뜨거나 강사를 향해 공격적인 눈빛을 숨기지 않는다. 보통은 나중에 반드시 뒷말이 나온다.

내가 지금 추측하고 있다면, 조금 더 나아가 추측을 숨기고 사람을 살피며 반응하고 있다면 분명 시험에 들었을 가망이 높다.

그러면 다른 사람을 시험하려고 할 것이다. 자신의 의도를 숨기고 다른 사람의 마음을 확인하여 의도를 달성하려고 하는 것을 성경은 "시험하는 것"이라고 말씀한다. 시험에 든 사람은 다른 사람을 시험한다.

예수께서 그들의 악함을 아시고 이르시되

외식하는 자들아 어찌하여 나를 시험하느냐

마 22:18

예수님의 말을 올무에 걸리게 하려고 가이사에게 세금을 내는 것이 옳은지 그렇지 않은지를 물어본 바리새인들을 향해 하신 말씀이다. 이스라엘 백성들도 광야에서 자신들이 어려울 때마다 하나님을 시험했다.

자신이 시험에 드는 것도 부족해서 다른 사람을 시험에 들게 하려고 함정을 판다면 진리의 삶에서 너무 심하게 멀어진 것이다. 시험에 든 사람은 반드시 함께 시험에 들 사람을 찾는다.

강건한 공동체는 시험에 든 사람을 판단하지 않고, 그를 도와서 시험에서 벗어나도록 세워준다. 그러나 연약한 공동체는 시험에 든 사람의 말을 귀담아 듣고, 그를 불쌍히 여기며 시험이 의도를 달성하도록 함께 시험에 든다. 그러면 결국 공동체가 분열된다.

광화문에서 묵상모임을 했다. 묵상모임을 광화문에서 하는 것은 처음이라 여의도에서 일하는 형제에게 참여하도록 권면했다.

전날 형제는 쉬는 날이었고, 묵상모임이 있는 날은 12시에
출근하는 마감조였다. 광화문 묵상모임을 마치고 함께 서울
역사박물관을 잠깐 보고, 버스를 타고 여의도로 갔다. 아침
겸 점심을 먹을 곳을 찾다가 연어와 아보카도 초밥에 팟타이
를 곁들여 배부르게 먹고 노트를 사러 갔다.

전날 통화를 하면서 그가 말했다. 일하는 곳에서 사람들이
점장에 대해 불평을 한다고. 그동안은 그들의 말에 귀 기울이
지 않고 잘 견뎌왔는데 어느 순간 자신도 휩쓸리고 말았다고.
우리는 순간 "아" 하고 탄식을 했다.

'이제 그곳에 생명을 흘려보낼 수 있는 사람과 공간은 사라
졌구나.'

저녁에 형제를 위해 기도하고, 묵상모임을 한 후에 여의도
를 걸으면서 이야기했다.

"평범한 직장인이 되면 휩쓸린다. 비전을 잃지 말고 제자로
살아야 한다."

비전 때문에 카페 사역을 시작했는데 비전보다 점장의 이중
적인 태도와 시험에 든 내 반응이 더 우선되면 안 된다. 구입
한 노트에 '비전노트'라 이름 붙이고, 앞으로 5년 내에 아시아
의 대도시에 선교하는 카페를 연다면 어떻게 할 것인지 비전을
적어보도록 권면했다.

시험을 분별하자. 시험에 든 사람을 판단하지 말고, 예수님

의 진실과 진리를 선포하는 제자가 되어야 한다. 생명과 진리가 시험에 든 사람과 공동체에 흘러갈 때 회복이 시작된다. 나는 꼭 보고 싶다. 그가 선교지 카페에서 멋지게 사역하는 모습을. 그는 이미 여러 가능성을 염두에 두고 다양한 카페들을 살피고 있다.

오래된 문제들이 풀리지 않을 때 시험에 든다. 이성교제가 안 되거나, 재정이 어렵거나, 부부관계가 어려운데 쉽게 해결이 되지 않거나, 직장에서 관계가 힘든데 방법이 없을 때 시험이 오며, 믿음이 약해진다.

재정이 어려운데 남편이 비트코인에 투자를 한다. 그것이 무엇인지 우리는 직감으로 알 수 있다. 건강한 투자라기보다는 재정이 어려울 때 나오는 도박 심리 비슷한 것이다. 투자가 잘 될 수도 있지만 잘 안 되면 더욱 황폐하게 되리라.

그때 남편을 판단하지 말고, 그를 사랑하는 데 집중해야 한다. 그러지 않으면 사랑하는 집중력이 흐려지도록 계속해서 일이 생긴다. 그러면 그것을 근거로 다시 사랑하지 않게 되는 시험에 든다.

오래된 문제들이 괴롭힐 때, 일단 그 문제보다도 내 상태에 관심을 가져야 한다. 하나님께 집중하고, 성령의 뜻에 순종하는 데 집중하며, 예수님을 따르는 것에 집중할 필요가 있다.

어떤 경우에도 내가 시험에 들면 아무 소용이 없다. 나마저 시험에 들면 나부터 건져내야 한다.

시험에 들면 사역도 불가능하다. 그러나 어려워도 시험에 들지 않고 믿음의 선한 싸움을 한다면 예수님의 능력을 기대하며 사역을 할 수 있다. 사역하는 제자가 있어야 그곳에 예수님의 생명이 역사하게 된다.

그러면 시험이 물러갈 작은 균열이 생긴다. 시험은 강한 것 같지만 아무리 작아도 생명을 이길 수는 없다. 언 땅을 뚫고 새싹 하나가 나왔다면, 그것은 봄이 오고 겨울이 물러가는 여러 메커니즘의 작동 결과일 것이다.

시험에 든 **사람을** 도울 때

시험에 든 사람이 눈에 들어왔다면, 집중력을 잃은 것이다. 시험의 상황 때문에 고민이 늘고 스트레스받고 있다면 시험이 이긴 것이다. 사람이나 상황이 내 마음 안에서 더 커질 때, 하나님을 향한 집중력이 흐트러진다. 그러면 누군가를 도울 수 없고, 당장 도움을 받는 처지가 된다.

상황이나 사람의 태도가 어떻게 변하든지 우선 마음의 집중력은 하나님께 향해야 한다. 그래야 나 자신을 지킬 수 있다. 휩쓸리면 시험에 속아서 나도 함께 죄를 짓는 자가 된다.

사람을 돕고 상황을 변화시키려는 노력을 조심해야 한다. 물론 아무것도 하지 말라는 이야기는 아니다. 그러나 실질적으로 시험을 물리치고 상황과 사람이 진리로 새롭게 되는 일이 아니라면 조심스럽게 살펴야 한다. 시험을 더 악화시킬 수도 있기 때문이다. 사실 시험에 든 사람이나 상황은, 조금만 감각 있는 사람이 보면 무서울 수 있다. 아주 공격적이고 적대적이어서 지나가다가 싸움에 휘말리기 십상이다. 그게 두려워서 피하면 그것도 시험이 이기는 것이다.

또 담대하게 말하고 행동해야 할 때가 있다. 그런 경우는 상황이나 사람이 진리로 새롭게 될 가망이 있을 때, 기도 가운데 실행해야 한다. 조급하고 화나는 마음으로 언쟁하듯이 사람과 상황을 향해 말하기 시작하면 기름에 불을 붙이는 격이 된다. 그런 마음이 든다면 건드리지 말아야 한다.

시험이 힘을 잃을 때가 있다. 그사이에 물론 좋은 마음으로 진실을 조금씩이라도 계속 전달할 필요는 있다. 그것은 단순히 분위기가 나빠지지 않는 선에서 진실이 전달되는 상황이다. 그렇게 하다 보면 시험이 스스로 힘을 잃을 때가 있다.

사람들이 시험에 붙들려 기세등등하던 모습이 사라지고, 의심이 가라앉고, 진실이 통하는 시간이 온다. 그때 진실을 알려주고 재빠르게 행동하여 상황을 바꾸어야 한다.

시험에 대해 평소에 꾸준하게 훈련을 공유해야 한다. 그러면 시험의 시간에도 시험이라는 개념을 잃지 않는다. 개념이 살아있으면 시험이 막무가내로 활동하지 못한다. 일관성은 사람의 노력에서 나오는 것이 아니다.

어떻게 하면 수많은 상황과 이해관계가 있는데 일관성을 계속 유지하고, 더군다나 시험의 상황에서도 존경을 잃지 않고 권위를 가질 수 있겠는가? 이는 일관성 있게 예수님을 따르는 데서 나온다. 내가 모든 상황과 미래를 예측하고 일관성을 유지할 수는 없다. 인간은 불가능하다.

그러나 내일을 모르지만 지금 그리고 계속해서 예수님의 뜻을 꾸준하게 따른다면, 그분의 뜻 안에서 일관성을 유지하게 된다. 그렇게 되면 사람들도 상황이나 어떤 사람의 반응, 일관성이 전혀 없는 시험보다는 예수님의 뜻을 따르게 될 것이다. 어쨌든 예수님의 진리가 서야 시험이 완전히 물러간다.

진실한 마음, 진실한 관계, 진리의 공동체

베드로가 예수님을 부인했을 때, 그는 아마도 더 이상 예수님을 믿고 사랑할 수 없다는 정죄감에 시달렸을 것이다. 다른 제자가 보고 있는 상황에서 세 번이나 예수님을 모른다고 부인했으니 더 이상 의미 있는 관계가 지속될 리 없다. 베드로는 이제 틀려버린 것이다.

항상 시험은 내 연약함에서 나오는 실수를 통해 나 자신을 정죄하게 만든다. 특별히 예수님을 향한 믿음의 영역에서 더 이상 가망이 없으니, 믿음의 삶을 포기해야 한다는 시달림이 생긴다. 예수님이 베드로에게 말씀하신 것처럼 시험은 그의 믿음을 연약하게 하려는 의도가 있었다.

그래서 예수님은 베드로의 믿음이 떨어지지 않도록 기도하셨다. 시험이 베드로의 믿음이 약해지도록 사용한 방법은, 그로 하여금 예수님을 부인하게 만들어서 더 이상 그분을 믿고 사랑할 수 없다는 정죄감을 심어주는 것이었다.

분명히 베드로는 예수님을 부인했다. 그것은 확실히 그분을 믿고 사랑하는 행동이 아니었다. 그래서 시험이 주는 메시지는 더욱 설득력을 갖는다. 베드로의 확실한 실수를 기반으로 그의 삶에 낙인을 찍었다. 그러나 이것은 진실이 아니다.

언제나 진실은 예수님의 말씀에 있다. 예수님은 베드로의 행동을 보고 그를 판단하지 않으셨고, 그를 위해 기도하셨다. 베드로가 겪고 있는 일이 사단이 밀 까부르듯 하는 시험임을 알고 계셨다. 단순히 베드로의 실수만이 아니라 시험의 결과임을 아셨다.

그래서 베드로가 시험에 넘어졌어도 다시 예수님을 믿고 사랑하도록, 다른 사람들이 일어서게끔 돕는 삶을 살도록 그를 격려하셨다. 진실은 시험에 넘어졌어도 다시 일어나야 한다는 것이며, 넘어진 다른 형제들을 도와야 한다는 것이다.

그러나 내가 너를 위하여
네 믿음이 떨어지지 않기를 기도하였노니
너는 돌이킨 후에 네 형제를 굳게 하라

눅 22:32

부부가 함께 시험에 들어서 2년 동안이나 서로 말을 하지 않았다는 꾹 집사를 돕는 일은 힘들었다. 그는 예배 시간, 특히 회개하고 돌이키는 시간을 피했다. 그런데 어느 예배 시간에 그가 자리에 앉아있었다. 그날은 그가 예배를 인도하는 날이었다(그래도 다행이었다. 그날만이라도 앉아있었으니…).

꾹 집사가 자신의 아내를 싫어한다는 것을 모두가 알도록 표시하면서 교회생활을 한 지가 꽤 되었다. 나는 그를 돌보기도 힘들고, 내가 무슨 말만 하면 "목사님, 그건 그렇지 않습니다"라고 해서 부담스러웠다. 또 그의 아내를 멘토링 하기도 힘들었다. 자기 말은 듣지 않아도 목사님 말은 들을 거라며 나를 의심하는 눈초리로 꾹 집사가 쳐다보았기 때문이다.

기도하며 사도 바울이 다메섹에서 예수님을 만나는 장면을 읽는다. 바울은 예수님을 대적했지만 결국 예수님을 위한 삶을 사는 사람이 되었다. 그 대적이 가장 깊을 때 예수님을 만났다.

지금은 꾹 집사가 적대적이지만 나중에는 교회를 가장 위하는 사람이 될 것이라는 적용을 한다. 말씀을 통해 받은 마음이라서 나는 굳게 믿고 그를 돕고 있다. 그가 어떻게 행동하든, 무엇이라 말하든 신경 쓰지 않는다.

명신교회 방향을 설명하면서 교회생활을 잘못하고 있다고

말했을 때도 사람들이 내게 적대적으로 변했다. 계속 함께하기 어려워져서 각자 따르는 사람들과 세 팀으로 나눴다. 한 팀은 개척을 중단했고, 한 팀은 소수의 사람들과 돌아왔다. 그러나 다시 그를 따르는 사람들의 조종에 속아서 그가 시험에 들었을 때, 시험은 중요하지 않았다.

그는 좋은 사람이고 의로운 사람이다. 교회의 일을 다시 나누고 위임해야 하며, 나는 더욱 예수님을 따라야 한다. 그는 시험을 통과하게 될 것이고, 예수님을 나타내는 삶을 사는 사역자가 될 것이다. 시험을 보고 사람을 판단하는 것은 진실이 아니다.

예배를 3부로 나누었을 때, 한 집사가 그의 설교에 은혜가 없고 명신교회 방향과도 맞지 않다고 했지만 그것은 진실이 아니다. 말하는 그도 알 것이다. 자신의 말이 진실이 아니라는 것을.

그의 설교가 은혜가 있든 없든 중요하지 않다. 심지어 교회 방향과 맞지 않는 게 무슨 의미가 있는가? 하나님께서는 그를 사용하신다. 나는 그가 하나님께 쓰임받는 좋은 사역자가 되도록 도와야 한다.

진실은 내 사역지에 내 권위를 받아들일 사람이 있느냐 없느냐가 아니다. 김길 목사가 다른 사역자들이 권위를 사용할 수 있도록 돕느냐, 그러지 않느냐가 아니다. 각자의 사역을 놓고 원수가 시험을 해서 사역자들과 교회가 시험에 들도록 한다는 것이 진실이다.

우리가 시험에 든 적이 있었다는 것도 진실이다. 그러나 그런 과정을 통해 우리는 예수님이 원하시는 교회가 되도록 시험을 분별하고, 진정한 사역을 통해 교회를 세우고 분립하며, 서로의 사역을 존중하는 관계로 나아갈 것이다.

예수님의 뜻 안에서 우리는 그렇게 될 수 있다. 시험이 우리를 힘들게 해도, 우리는 세상에서 가장 좋은 사역자들을 만나 즐겁게 사역을 하고 있으며, 교회는 부흥될 것이다. 이것이 진실이다.

시험이 넘어지게 만든 어떤 사건이 진실이 아니다. 넘어졌기에 당연하게 다가오는 정죄감도 진실이 아니다. 그런 상황을 보며 드는 판단은 더더욱 진실이 아니다. 진실은 시험에서 다시 일어나 예수님을 더욱 깊이 믿고, 예수님의 뜻에 순종하여 그분의 뜻이 이루어지도록 순종할 것이라는 데 있다.

예수님이 결정하신 것이 진실이다. 시험은 예수님의 결정 안에 있다. 베드로가 시험을 통해 믿음이 더 강해져서 다른 형제들을 세우는 사람이 되는 것이 그분의 뜻이다. 베드로가 겪은 시험의 진실은 그것이다.

심지어 병든 사람을 메고 거리에 나가

침대와 요 위에 누이고

베드로가 지날 때에

혹 그의 그림자라도 누구에게 덮일까 바라고

예루살렘 부근의 수많은 사람들도 모여

병든 사람과 더러운 귀신에게 괴로움받는 사람을

데리고 와서 다 나음을 얻으니라

행 5:15,16

우리가 겪는 시험도 우리로 하여금 더욱 예수님을 사랑하도록 이끌 것이다. 그것이 예수님의 결정이고 진실이다. 우리는 그것을 붙잡아야 한다. 그러면 시험은 그 의도를 달성할 수 없다.

그러므로 시험이 주는 마음이나 시험에 넘어져서 생긴 정죄감이 아니라, 예수님이 주시는 마음을 받아들여야 한다. 그러면 시험에 든 사람과도 진리에 기반한 예수님이 주신 진실을 중심으로 관계를 맺을 수 있다.

각자의 욕구대로 관계를 맺는 것은 아무 힘이 없다. 시험이 오면 혹 날아가버린다. 그러나 예수님이 주시는 마음으로 관계가 결정되면 튼튼하고 오래간다. 물론 진실이 관계 안에 자리를 잡기까지 서로의 이익으로 조종하려는 유혹을 이겨내야 한다. 시험을 분별할 정도의 믿음을 가진 사람이라면 조종에 휘둘리지 않고 진실의 내용으로, 예수님의 뜻을 중심으로 관계를 정할 수 있다.

그런 관계 안에는 시험이 주는 유혹과 거짓이 자리 잡을 수 없다. 이런 생명은 쉽게 보기 어려워도 강력해서 순식간에 교회가 생명으로 변하도록 도와준다. 모두가 진정한 관계의 내용과 진실이 아닌 것에 조종당하는 것이 무엇인지 알고 살피게 된다.

어떤 집사님이 시험이 와서 서운한 마음에 여러 가지 이야기를 했다. 듣던 사람들이 조심스럽게 혹시 시험이 아니겠냐고 말했다. 나중에 전해 들었지만, 나도 그에게 시험이 온 것이 아닌가 걱정하며 기도하는 중이었다.

교회가 성장했다는 생각이 들었다. 명신교회 목사라는 사실이 처음으로 자랑스럽게 느껴졌다. 우리는 시험에 반응하거나 판단하지 않고, 단지 시험이 물러가도록 기도했다. 우리는 과거에 비해 훨씬 성숙하게 시험을 물리치고 있었다.

누군가 "혹시 시험이 아닐까요?"라고 하면 모두가 진실한 마음으로 분별한다. 상황이나 사람을 판단하지 않고 진실하게 기도하면서 시험에 대응하며 교회를 세워가게 된 것이다. 가르치면 효과가 있다는 것을 뼈저리게 느꼈다.

우리의 교회는 너무 쉽게 시험에 든다. 마음 아프다. 교회가 힘들어도 아무도 분별하고 진리를 이야기하지 않는다. 오직 사실에 대한 판단과 옳고 그름에 대한 판단뿐이다. 모두가 시험에 들어 상처만 남는다. 우리는 너무 연약하다. 그런 면에서 지금 조국의 교회에 다가오는 시험은 좋은 일이다. 기쁜 일이다.

　우리는 이 시험을 통해 더욱 강건해질 것이다. 시험으로 교회를 판단해서는 안 된다. 예수님의 결정으로 우리는 교회를 보아야 한다. 어떤 구체적인 이야기는 아니다. 그저 아주 원론적인 이야기일 뿐이다.

교회의
시험 대응법

시험

대책회의

보통 회의는 조직의 중요한 문제를 결정할 수 있는 위치에 있는 사람들이 문제를 해결하기 위해 모이는 것을 지칭한다. 명신교회는 아직 규모가 크지 않아서 중요하게 결정할 일이 상대적으로 적다.

주로 어떤 행사를 앞두고 준비가 필요하면 회의를 하는데, 중요한 결정은 실무진에서 한다. 그들이 결정한 내용이 올라오면 필요한 것들을 돕기 위해 여는 회의가 전부이다.

사실 그런 일들은 가볍게 진행할 수 있다. 정작 중요한 것은 교회가 겪는 시험이다. 그래서 나는 시험에 대한 회의가 있어야 한다고 생각한다. 교회의 지도자들이 모여서 교회가 겪고 있는 시험이 무엇인지 기도하고 해결해가는 회의 말이다.

뻘콥의 《교회론》을 보면 '전쟁에서 승리하는 교회'를 비중

있게 다룬다. 그런 면에서 승리를 위한 대책회의는 가장 적절한 회의이다. 사실 행사의 내용을 결정하는 회의는 간단하다. 교회의 시험에 대한 대책을 세우기 위한 회의가 진정한 회의가 아닐까 싶다.

교회 사역자들이 주일 저녁에 회의를 하기 위해 모였다. 그들은 역전의 용사들이다. 오랫동안 사역하며 예수께 헌신해왔다. 많은 시험을 통과했으며 지금도 치열하게 싸우고 있다. 그러나 시험 자체에 대해 말할 수 있는 사람은 많지 않다.

그들에게 시험이 아직 오지 않았거나 이미 시험에 들었을 수 있다. 자신이 시험에 노출되었거나 시험에 든 사람을 도와야 할 때, 객관적인 태도를 유지하며 시험을 다룰 수 있는 사람은 아주 적다.

1,2,3부 예배가 끝나고 아이들과 부모들이 돌아간 후에 몇 사람이 조용한 사무실에 모였다.

'주일 저녁에 가족들과 쉬어야 하는데….'

미안한 마음이 들었다. 우리는 교회의 시험에 대한 이야기를 나눴다. 먼저 최근 시험에 든 사람을 어떻게 도울지 진지하게 나누었다. 그는 의도가 순전한 사람이었다. 언젠가 그에게 시험이 올 거라고 생각했는데 이제 왔고, 우리는 그를 도와야 했다.

다들 진지하게 이야기했다. 예전 같으면 그 자리에 없는 사람을 거론하는 것조차 부담스러웠을 것이다. 누군가에 대해 회의한다는 것 자체가 불안해서…. 교회는 말이 많은 곳이라 말이 돌고 돌아 반드시 당사자의 귀에 들어간다. 그러면 관계가 복잡해진다. 그런 것을 고려하지 않을 수가 없다.

그럼에도 우리는 담대해졌다. 이제는 교회 사람들도 다 어느 정도 상황을 이해하고 있다. 개인의 시험에 대해 말하는 것이 그를 향한 판단이 아님을 알고 있다. 시험을 어떻게 물리칠 것인지와 하나님께 순종하고자 대책을 세우는 것임을 안다.

우리는 사람을 향한 의도가 순전한 그가 다른 사람을 어떻게 섬길지 그 지혜를 배우는 중이라고 시험의 성격을 분석했다. 시험이 주는 상황과 관계의 내용에 대해 어떻게 반응하면 좋을지 시험의 관점에서 함께 분석할 수 있었다.

그러면서 우리는 시험이 주는 걱정에서 벗어났다. 그리고 마음으로부터 기도를 시작했다. 그가 시험에서 벗어나 하나님과 사람을 섬기는 더 좋은 지도자로 자라도록….

이어서 우리 안에 있는 시험에 대해서도 나눴다. 깊은 이야기가 3시간 가까이 계속되었다. 성도들에게는 예배를 3부로 나눈 것에 대한 서운함과 불안함, 불만이 있었다. 또한 사역자들은 자신만의 사역을 향한 기대와 사람들이 인정해주지 않는 데서 오는 고통이 있었다.

이런 상황을 정직하게 이야기할 때 끝까지 문제가 되는 것이 있었다. 사역자들에게는 사람들이 자기를 잘 따라주기를 원하는 마음이 있고, 사람들에게는 '나를 인정해주면 너를 따라줄게' 하는 마음이 있었다. 그래서 이를 어떻게 다루어야 할지 심도 있게 대화를 나누었다.

예전에는 "사람들이 저를 따르게 하고 싶어요"라고 쉽게 나눌 수 없었다. 그런 마음은 나쁘고, 그런 마음을 가진 사람은 나쁜 사람이 됐으니까. 그래서 대화 자체를 피했다. 그만큼 불쾌한 주제였다.

만약 담임목사가 그런 주제를 꺼내면 사역자들이 그런 시도를 아예 못하게 하려는 의도라고 생각하지 않았을까? 하지만 지금은 그렇지 않다. 우리 모두 마음을 정직하게 말할 수 있다.

사실 사람에게는 상대가 굳이 말하지 않아도 그 마음을 간파할 수 있는 능력이 있다. 그러니 서로 정직하게 말하는 것이 최선이다. 이런 이야기를 건강하게 풀면 교회에 도움이 되고, 우리 영혼도 평강할까? 그런 일이 정말 가능할까?

사역이란 사람이 자기를 따르게 해서 큰일을 하는 것이 아니라는 결론은 이미 나 있다. 한 영혼에게 헌신해서 그가 예수님의 제자가 되도록 도와야 한다. '사람들이 나를 따랐으면…' 하는 마음을 내려놓고, 인정해달라는 욕구를 거절하며,

예수께 다가가야 함께 시험을 이기고 성장할 수 있다.

결국 교회가 겪는 가장 주요한 시험은 '사람들이 나를 따르면 좋겠다'는 마음과 인정해달라는 욕구가 결합해서 관계가 구축되는 것이다.

기도모임 할 때의 뿌듯한 마음을 내려놓고 도시에서 고생하며 묵상모임을 했을 때 하나님이 기뻐하셨음을 우리는 알고 있다. 묵상모임이 작고 소박해도 항상 가볍고 자유로운 은혜가 있었다.

그런데 왜 교회에서 하는 캠퍼스 모임은 무거울까? 무거운 예배가 점점 자유로워진 건, 서로의 욕심에서 벗어나 예수님만을 섬기기로 했을 때였다. 사람을 조종하려는 마음을 내려놓고 예수님만을 따르기로 결정할 때, 자유와 즐거움이 있었다. 우리는 이런 경험을 공유했기에 교회가 그렇게 될 수 있도록 마음을 모았다.

그리고 마지막으로 간절히 함께 기도했다. 교회가 시험에 묶여서 아무것도 할 수 없는 무거운 곳이 되지 않고, 예수님만을 따르는 자유로운 곳이 되어 도시 안에서 즐겁게 사역하게 해달라고.

아마 시험은 또 올 것이다. 그러면 우리는 믿음 안에서 대책을 세우면 된다. 믿음이 이긴다.

사람들의
떠남

교회가 겪는 시험 중에서 사람이 떠나는 것이 가장 고통스럽다. 개척교회일수록 더욱 그렇다. 떠나는 사람들에게도 이유가 있다. 남아있기 힘든 고통 가운데 떠날 것이다. 어쩔 수 없이 교회를 떠나는 사람들이 더 좋은 교회, 자신에게 맞는 교회에서 신앙생활을 즐겁게 하면 좋겠다.

간혹 사람들이 떠나면서 교회가 시험에 들기도 한다. 그들이 떠나는 것을 막을 수 없다면 이런 부분에 대해 대응능력을 높여야 한다. 시험이 왔을 때 성도가 그에 대한 반응을 잘하지 못해 결국 교회를 떠나는 것으로 마무리되는 경우가 많다.

담임목사나 다른 사람과 관계가 어려워서 교회를 떠나는 경우도 있고, 그렇지 않은 경우도 있다. 사실 그동안의 경험으로 보면 시험 때문에 교회를 떠나는 경우가 많았다.

누군가 교회를 떠나면 남은 사람들은 떠난 사람의 문제 때문에 또 한 번 시험을 치른다. 참 어려운 일이다. 아마 많은 사역자들이 교회를 빨리 키우고 싶은 유혹에 시달리는 이유가 여기에 있는지 모른다. 한두 사람이 떠나도 흔들리지 않고, 떠난 사람 때문에 말이 많아지지 않는 교회가 되고 싶은 것이다.

시험이 오면 담임목사를 향한 신뢰와 리더십이 흔들리고, 교회를 향한 마음도 식는다. 이런 일을 몇 번 겪으면 목회가 싫어질 만큼 마음이 힘들다. 정확한 이유도 모른 채 누명에 가까운 이유로 목회자가 불신을 받는 것이 시험이고, 그 일을 감당하는 것이 목회다.

우리 교회의 한 전도사가 나와 같이 이런 일을 겪은 후에 "이런 것이 싫어서 그동안 담임목회를 피해온 것 같습니다"라고 말했다.

시험은 고난이 오거나 고질적인 죄를 다스리지 못해서 은혜와 죄를 반복할 때 온다. 결혼하고 싶은데 원하는 사람을 못 만나거나 직장에서 힘들거나 부부관계가 힘들거나 재정이 어렵거나 삶이 내가 원하는 대로 되지 않을 때 온다.

문제가 아주 많은 교회가 아니라면, 사실 교회 자체가 시험의 원인이 되는 경우는 많지 않다. 그보다는 삶에서 어려운 일이 생기면 믿음이 약화되고 신앙이 흔들린다. 교회와 관계를 향한 마음이 좋지 않아진다.

　시험이 와도 잘 감당하는 경우도 있다. 남에게 책임을 돌리지 않고, 자기 믿음의 문제라 파악하고 열심히 싸울 때이다. 그러면 믿음이 성장한다. 하지만 대부분은 그렇게 하지 못한다. 시험이 오면 상황과 관계에 대해 어려운 마음부터 든다.

　왜 그런 상황이 왔는지 이해할 수 없기 때문이다. 그렇기에 연루된 관계를 향해 책임을 따진다. 시험이 심해지면 나를 도와준 사람을 원망한다.

　그동안의 경험으로 미루어 시험의 강도를 대략 세 가지로 생각할 수 있다. 첫째로 나를 도와준 사람을 원망하는 경우이다. 가장 심한 경우라고 할 수 있다.

　둘째로 원망은 하지 않지만 대화가 되지 않는 경우이다. 그 전에는 믿음 안에서 열린 마음으로 정직하고 따뜻한 대화가 가능했지만, 시험이 오면 자신이 겪고 있는 상황을 믿음으로 어떻게 감당할지에 대해 대화할 수 없다.

　그때는 대화를 시도하지 말고, 기도하며 기다려주어야 한다. 힘든 일이다. 시험에 든 사람이 계속 부정적인 말과 행동을 해도 기도하며 기다려야 하는 때도 있다. 심하면 그 기간이 몇 년씩 간다.

　셋째로 시험을 잘 감당해내며 자신이 시험에 노출된 것을 감지하고, 자신의 생각과 마음을 돌아보는 경우이다. 이는 매우 행복한 경우이다. 스스로를 신뢰하지 않고 말씀과 지난 은혜의 경험에 비추어 현재를 돌아본다.

영적인 상태가 아주 좋을 때만큼은 아니지만 어느 정도 정상적인 대화도 가능하고, 문제를 객관적으로 볼 수도 있다. 그러나 열매를 통해 사람을 섬기는 일은 중단된다.

시험이 오면 사람들이 떠날 것 같아 불안하다. 일단 시험에 든 사람은 교회를 향한 마음이 전과 같지 않고, 그동안 열심히 했던 일도 시들해진다. 작은 계기만 있으면 떠날 것 같다. 물론 그가 떠날 수도 있고, 남아서 다시 회복할 수도 있다.

어쨌든 시험에 든 사람이 떠나면서 교회가 시험에 드는 일은 막아야 한다. 설사 떠난 사람에 대해 교회 안에서 아무 말도 나오지 않는다고 해서 시험을 이긴 것은 아니다. 교회 구성원 모두는 아니라도 적어도 지도자들은 시험이 주된 원인이었음을 분별해야 했기에.

서로를 축복했던 친밀한 관계가 원망으로 끊어질 만큼 심각하고 구체적인 일들이 교회 안에는 많지 않다. 간혹 그런 경우도 있겠지만 사소한 일로 시작하거나, 심지어 아무 일이 없어도 시험이 그렇게 몰아가는 경우도 있다.

시험이 오면 떠나려는 사람, 붙잡으려는 사람, 판단하려는 사람이 생긴다. 시험의 의도가 달성되면 슬프다. 모든 상황을 다 통제할 수는 없다. 다시 말하지만 떠나는 사람을 막을 수는 없다. 그렇다면 남아있는 사람들이라도 다시 사랑하며 시험을 이겨야 한다. 그렇게 되면 시험은 현저히 힘을 잃는다.

시험은 어찌 해볼 수 없는 괴로움 같지만 그렇지 않다. 아주 간단하게 제압할 수 있다. 겨울이 강한 것 같아도 봄이 오면 새싹이 나는 것을 막을 수 없는 것처럼. 새싹이 나면 세상은 온통 봄기운을 내뿜는다. 시험이 가진 의도가 통하지 않으면 시험은 힘을 잃고 사라진다. 통하니까 자꾸 오는 것이다.

사람이 떠나는 과정과 그 이후가 시험이라고 분별하면, 사람들의 일차적 관심은 상황이나 관계가 아니라 '시험을 어떻게 이길 것인가'가 된다. 혹여 사람이 떠나도 아쉽지만 사랑하는 마음으로 보낼 수 있다.

같이 있으면 행복하고, 어려워도 함께 이겨내고, 판단하기보다 함께 훈련할 수 있다. 떠나면 아쉽고 보고 싶다. 사람의 성품이 좋아도 그렇겠지만, 목회 경험으로 보면 시험에 대해 강건해지면 그럴 수 있다.

시험은 제압해야 한다. 사람을 붙잡고 설득하거나 비정하게 가든 말든 신경 쓰지 말자는 것이 아니다. 시험을 분별하면 사랑할 수도 있고, 판단하지 않고 끝까지 섬길 수도 있다.

시험을 모르면 사람에 대한 실망에서 벗어날 수 없다.

시험을 이기면 전혀 다른 사람들을 만날 수 있다. 시험을 이기고 얻은 관계는 정말 강건하고 행복하다. 마치 성벽이 둘러 서있는 것 같은 든든함이 있다. 사람이 든든한 것이 아니라 시험과 싸워 이길 만한 장수가 전쟁을 대비하고 있는 듯한 든든함이다. 강한 보호 안에서 안전하다고 느낀 사람은 유순하다. 그러나 보호받지 못한 사람은 거칠다.

자기 영혼을
다른 사람에게 맡기지 말라

살아있는 사람의 영혼은 자신의 것이다. 그런데 간혹 자신의 영혼에 관한 중요한 문제를 남에게 맡기려는 사람들이 있다. 더욱 곤혹스러운 것은 남의 영혼의 문제를 맡으려는 사람들이다.

물론 알면서 그러지는 않겠지만 조심스러운 일이다. 영혼의 주인은 하나님 한 분이시다. 우리는 각자 하나님 앞에 나아가서 내 영혼의 문제를 다루어야 한다.

사람들은 남이 해준 밥이 제일 맛있다고 한다. 내가 한 밥, 남이 해준 밥, 남을 위해 지은 밥이 있다면 가장 최상의 밥은 남을 위해 지은 밥일 것이다. 사실 남이 해준 밥이 맛있다는 것도 누군가 정성스레 섬겨주는 밥이 제일 맛있다는 표현이 아닐까 싶다.

어머니가 사랑하는 자녀를 위해 지은 밥이 가장 맛있다. 요리사가 돈을 벌기 위해 지은 밥도 맛있다. 하지만 엄마가 자녀를 위해 지은 밥에는 요리사의 밥에 없는 것이 있다. 욕심이 없다. 그리고 사랑이 있다. 사랑으로 자녀의 입맛에 세심하게 맞춘 밥이다. 그것을 '집밥'이라고 한다.

돈 욕심만으로 부실하게 만든 음식을 사 먹은 적이 있는가? 그것만큼 화나는 일도 없다. 밥을 지어 먹어본 적이 있는가? 밥과 김치에 따뜻한 국 한 가지라도 손수 밥을 지었을 때의 뿌듯함을 아는가? 남을 대접하기 위해, 가족을 섬기기 위해 부족한 실력으로 준비한 적이 있는가?

갑자기 웬 밥 타령인가 싶을 것이다. 자신의 영혼을 돌보는 가장 좋은 방법은 자신의 영혼을 위해 손수 지은 밥, 일용할 양식인 말씀을 먹고 기도와 찬양을 하는 것이다.

더 나아가 남을 위해 은혜받은 말씀을 나누고, 기도를 해주고, 찬양을 함께 부르면 영혼이 강건해진다. 은혜는 흘러가야 썩지 않고, 더 풍성해지며 새롭게 채워진다.

내 영혼의 문제를 맡아줄 사람이나 공동체를 찾아 헤매는 사람들이 있다. 그들은 잠깐 머물다가 자기가 원하는 것이 없는 것 같으면 쉽게 떠난다. 입맛에 맞는 것 같더라도 동기에 문제가 있기 때문에 결국은 떠나게 된다.

그들에게는 직접 밥을 지을 생각이 전혀 없다. 누군가 내 입맛에 맞게 밥을 해주기를 바란다. 입맛에 맞지 않으면 다른 곳으로 가면 그만이다. 그런 사람들을 붙잡기 위해 부실한 요리사들이 욕심으로 열심히 요리를 만든다. 내가 그런 요리사였다.

사과나무가 맛있는 열매를 맺는다면 그 나무는 좋은 나무이다. 그 열매는 주인의 것이기 때문에 주인에게 열매를 나누어 받은 사람들이 맛있게 먹을 것이다. 주인은 사과나무를 귀하게 여기고 보호한다. 사과나무는 또 다른 열매를 맺어 사람에게 나누어준다.

전문적인 요리사가 아니어도 간단하게 따뜻한 요리 한 가지는 할 수 있어야 한다. 생존을 위해서뿐만 아니라 다른 사람에게 기쁨을 선사할 수 있는 레시피 하나 정도는 갖고 있으면 좋다. 이것은 음식이 아니라 영혼에 관한 이야기이다.

토요일 저녁에 어린이 도서를 함께 옮기기로 했다. 우리 아이들이 어렸을 때 읽었던 Why 시리즈와 보물찾기 시리즈, 만화책 등을 기증해 작은 어린이 문고를 교회에 만들기로 했다. 진회 집사, 제원 집사와 같이 책을 나르기로 했다.

진회는 토요일에도 일하고, 수원에 사는 제원이는 아이 치료차 서울에 왔다가 저녁이 다 되어서야 집으로 갔다. 미안했다. 옮겨야 할 책이 100권이 넘고, 작은 책꽂이도 있고, 무엇보다 차가 없다.

진회가 어린이 신앙서적을 50권 정도 가져와서 그야말로 작은 문고가 되었다. 이제는 주일에 아이들이 책을 보다가 예배를 시작한다고 한다. 그전에는 술래잡기하다가 시작해서 예배에 집중하는 데 조금 시간이 걸렸는데, 지금은 조용하게 책을 보다 시작하니 좋다고 한다. 앞으로 꾸준히 책을 늘려주어야겠다는 생각이 든다.

책을 나르기 위해 늦게 모여서 다들 밥을 못 먹었다. 우리는 동네 식당에서 맛있는 갈비탕을 먹었다. 모든 시간이 행복했다. 토요일 늦은 밤에 모여서 즐겁게 이야기를 하면서 일을 했다. 내가 동생들에게 미안하다고 말하자, 그들은 웃으면서 쉬는 것 같다고 했다.

우리는 그렇게 교회를 개척해왔다. 시험이 오고 힘들 때도 있었지만 작은 것에 기쁨을 느끼고, 함께 있는 것 자체가 좋은 관계이다. 지금까지 말한 것은 이런 은혜와 작은 열매들을 계속 지켜가야 한다는 것이다. 부족하지만 남을 위해 맛있는 밥을 지을 수 있는 레시피와 방법을 가진 채로.

교회가 궁극적으로 시험을 이기는 방법은 시험을 조심하는 것이 아니다. 어떻게도 대응할 수 없어서 겨우 예배를 드리는 선에서 모이는 것도 아니다. 열매를 맺어야 한다. 열매를 맺으려고 힘쓸 때, 무엇을 해야 하는지 교회 방향이 분명해지고, 관계의 내용이 선명해진다.

열매를 맺기 위해 힘쓰지 않으면, 교회란 내가 원하는 곳이 되어야 하며, 관계도 내가 원하는 대로 움직여야 한다. 아무 것도 안 하고 있으면 시험만 온다. 욕심대로 일을 하면 그 자체가 시험이 된다.

교회가 열매를 맺으려는 선한 싸움을 할 때, 시험에 들게 하려는 악한 유혹도 온다. 예수께서 말씀하신 것처럼 좋은 땅이 되어서 100배의 열매를 맺으려고 하면 시련이 온다. 돌을 걷어내는 시간이다.

뿌리를 내리는 시련의 시간이 있어야 좋은 땅이 되어 열매를 맺는다. 예수님의 말씀에 순종하는 한 우리는 반드시 좋은 땅이 되어 100배의 열매를 맺을 것이다.

"희락아, 힘들지 않냐?"
"괜찮은데!"
겨우 딸과 공부를 끝내고 물었다.
수능시험 공부를 함께하기로 한 뒤로
이렇게 마음이 눌리고 힘든 적이 없었다.
그동안 공부하면서 늘 즐겁고 좋았는데….

기복이 심한 내 성격 탓인가 싶지만
딸과 세밀한 이야기가 가능할 것 같아서 물었다.
그러나 딸의 대답은 건조했다.
 내가 말했다.
"아빠가 왜 어려운지 잠깐 생각을 해봤는데

그동안은 그냥 공부가 재미있었어.

너를 돕는 일이 행복했고,

같이 대화를 하면서 지식을 알아가는 것이 즐거웠어.

고3이 된 딸과 조금 수준 높은 이야기를

나눈다는 것이 좋았지.

그런데 오늘은 하기 싫은 마음이 많이 드네.

즐거움이 사라지고 억지로 하는 느낌이야."

희락이가 조심스럽게 대답했다.

"나도 학교에서 묵상을 하는데,

공부에 집중하려고 묵상을 한다는 느낌이 들었어.

그것이 좋은 동기가 아닌 것 같다는 생각이 들고."

내가 말했다.

"그래, 그런 부분과 관계가 있는 것 같다.

굳이 꺼내놓고 이야기하기는 좀 그렇다만,

너희 학교에서 좋은 대학에

학생들을 얼마나 입학시켰는지

문자로 보낸 것을 엄마가 보여주더라.

기대가 커지면서 마음이 복잡했어.

우리는 즐거워서 공부했고
함께 지식을 알아가는 것이 행복했는데….
무엇보다 좋은 아빠가 되는 것 같아서 행복했지.
그런데 좋은 대학에 가기 위해
공부해야 한다고 생각하니 즐거움이 사라졌어.

희락아,
항상 하나님께 즐거움으로
도움을 구하면 좋겠다.
네가 이루고자 하는 일을 위해
신앙을 사용해서는 안 돼.
하나님을 좋아하고, 공부를 즐겁게 하고,
결과는 하나님께 맡기는 거야.
네가 어느 대학에 가든, 어떤 전공을 하든
그것은 늘 행복하고 좋은 일이야."

이것이 고3 딸과 하는
현실적인 대화가 맞나 싶지만,
그동안 함께 배워온 것이기도 하다.

하나님을 섬기는 것이
내 목적을 이루는 수단이 되어서는 안 된다.
그 자체로 즐거운 일이 되어야 한다.
나머지는 하나님께서 알아서 하실 일이다.
하나님을 기뻐하고 의지하고 좋아하면 된다.

2년제 대학교 영어과에 입학하여 행복한 아들과
그를 대학에 보내려고 울면서 기도했던 아내,
마지막으로 열매와 욕심 사이에서
오늘도 열심히 공부하는 희락이에게
열매 주시기를 기도하면서 글을 썼다.
참, 우리 막둥이 '식'아!
고마워!

시험의 날의
묵상과 기도

선을 행하는 자 없으니 한 사람도 없도다… 하나님을
부르지 아니하는도다 시 53:3,4

묵상

원래 우리는

스스로 죄를 먹고 마시는

존재였습니다.

그래서 우리는 구원을 받아야 합니다.

간절히 하나님을 찾게 하소서.

기도

좋으신 주님, 제가 주를 찾지 않는 것이 얼마나 문제가 되는지,

또한 하나님을 얼마나 근심케 하는지 알았습니다. 지금 제가

주를 찾습니다. 주를 찾지 않고는 살 수 없는 상황에 놓이게

하심을 감사합니다. 주여, 저를 불쌍히 여기시고 날마다 주를

찾게 하소서.

시온에서 이스라엘을 구원하여 줄 자 누구인가 하나님
이 자기 백성의 포로 된 것을 돌이키실 restores 때에 야곱
이 즐거워하며 이스라엘이 기뻐하리로다 시 53:6

묵상

사람들은 하나님께서 주시는
회복 restore 이 아니면 살아날 수 없습니다.
좋으신 아버지,
오늘도 제 삶에 은총과 회복을 부어주소서.
하나님의 은총을 즐거워하며 기뻐하게 하소서.

기도

좋으신 아버지 하나님, 삶의 문제가 항상 저를 옭아맵니다. 그
래서 포로로 잡힌 것처럼 무기력에 빠집니다. 늘 있던 문제들이
고 불안함이지만 점점 혹은 갑자기 구체화되면 저는 아무것도
할 수 없습니다. 단지 허둥대거나 무력해질 뿐입니다. 주여, 저
를 불쌍히 여기사 살아나게 하소서. 저를 회복케 하시는 분은
오직 하나님 한 분이십니다. 저를 불쌍히 여기시고 회복시키시
는 하나님을 찬양합니다.

참으로 주께서는 모든 환난에서 every trouble 나를 건지시
고 내 원수가 보응받는 것을 내 눈이 똑똑히 보게 하셨
나이다 시 54:7

묵상

주께서 모든 어려움에서 건져주십니다.

저를 인도하여주시고 환난에서 벗어나게 하십니다.

하나님을 찾는 자들에게

주시는 은총입니다.

주여, 좁은 길이라도

섬세하게 인도하여주셔서 감사합니다.

예수님을 따르게 하소서.

기도

주의 은총으로 모든 어려움에서 벗어날 때, 제게 어떤 은혜를
주셨는지 간증하겠습니다. 모든 방해가 물러간 것과 그것을
전혀 두려워하지 않아야 하는 이유에 대해서. 주는 나의 하나
님이십니다.

네 짐을 여호와께 맡기라 그가 너를 붙드시고^{sustain} 의인
의 요동함을 영원히 허락하지 아니하시리로다 시 55:22

묵상

제 무거운 짐을 좋으신 주님께 맡깁니다.

주께서 저를 살게 하십니다.

제 삶은 주의 것입니다.

기도

주여, 제가 사는 법을 이제야 배웠습니다. 죽을 것 같은 무거운
짐에서 벗어나는 법을 주께 배웠습니다. 제가 깨달은 한 가지
는 '오직 주님만 나를 살게 하실 수 있다'는 것입니다. 제가 무
거운 짐을 벗어버리고 살 수 있는 것은, 주께서 제 짐을 맡아주
셨기 때문입니다.

주여, 저는 무거운 짐이 올 때마다 주께로 갑니다. 제 스스로
짐을 지고 힘쓰는 것은 어리석은 일임을 알았습니다. 짐에 대한
부담은 무거운 짐만큼이나 저를 힘들게 합니다. 제가 스스로
생각과 마음을 쓰기 전에 주께 달려가게 하소서. 즉시 주께 달
려가 생명을 얻고 살게 하소서.

내가 두려워하는 날에는 내가 주를 의지하리이다

시 56:3

묵상

두려움이 올 때, 확신confidence은
신뢰와 의존을 하나님께 둘 때 비로소 임합니다.
하나님 안에 있는
믿음과 의존이 안정감을 줍니다.
하나님만을 의지합니다.

기도

주님, 다른 사람들에게는 말하지 못했지만 저는 두렵습니다.
제가 두렵다고 하면 가족들은 더 두려울 것입니다. 그들은 두
려워하는 저를 도울 수 없어서 피할 것입니다. 두려움에 대해
아무 대책도 없는 것이 저를 더 두렵게 했습니다.
두려운 날에 주님을 의지하는 법을 배워가면서 저는 두려움을
보게 되었습니다. 두려움은 아무것도 아닙니다. 두려움이 물러
가면 살 수 있습니다. 두려움을 물리치고, 하나님의 안전하심
을 경험했습니다. 나의 하나님은 안전합니다.

주께서 내 생명을 사망에서 건지셨음이라 주께서 나로
하나님 앞, 생명의 빛에 다니게 하시려고 실족하지 아니
하게 하지 아니하셨나이까 시 56:13

묵상

하나님은 저를 건져주십니다.

그래서 저는 하나님 앞에서, 빛과 생명 안에서 살아갑니다.

좋으신 아버지 하나님, 빛과 생명의 하나님 아버지,

우리 가정에 하나님의 빛과 생명이 가득하게 하사

빛과 생명으로 살게 하소서.

기도

어둠과 사망이 물러가고 빛과 생명이 가득한 삶이 무엇인지 날
마다 경험하게 하소서. 생명의 소중함을 경험하게 하소서. 좋
으신 아버지 하나님, 모든 어려운 상황 가운데 저희는 빛과 생
명 되신 하나님만을 의지합니다. 상황은 우리를 두렵게 하지
만 오직 하나님의 빛과 생명이 어둠과 사망을 몰아냅니다. 빛
과 생명이 이깁니다. 주여, 우리 가정이 빛과 생명으로 가득하
게 하소서. 조금의 어둠과 사망도 없게 하소서.

하나님이여 주는 하늘 위에 높이 들리시며 주의 영광이
온 세계 위에 높아지기를 원하나이다 시 57:5

묵상

제 삶에 일어나는 모든 일보다 하나님은 위대하시고,
천국은 높으며, 하나님의 영광은 땅을 덮습니다.
제 삶의 어떠함에 매몰되지 않게 하시고,
믿음의 눈을 들어 영광으로 땅을 덮는
하늘을 보게 하소서.

기도

땅을 보고, 누워있는 아내를 보고, 돌봄을 받지 못하는 아이
들을 보면 저는 낙심하게 됩니다. 그러나 하늘을 보고, 아내를
돌보시고 아이들을 씩씩하게 자라게 하시는 하나님을 보면 저
는 살 수 있습니다.
제게 일어난 일에 대해 다 이해하고 이 시간을 지내지 못하지
만, 한 가지 확신하는 것은 지금 그 어느 때보다 더 보호를 받
고 있다는 것입니다. 주의 영광을 위해 이 시간을 살게 하소서.

그때에 사람의 말이 진실로 의인에게 갚음이^{reward} 있고
진실로 땅에서 심판하시는 하나님이 계시다 하리로다

묵상

하나님은 온 세상에서 의로움에 관한 판단을 하십니다.
사람들은 의로운 사람들이
상을^{reward} 받게 됨을 알게 될 것입니다.
하나님의 의로움이 온 땅에 가득합니다.
제가 항상 하나님의 판단에 귀 기울이고 마음을 쓰게 하옵소서.
항상 하나님을 따르게 하소서.

기도

하나님은 의로우셔서 의로운 것을 좋아하시고 의로운 사람에
게 상을 주십니다. 주여, 저는 불의한 자였습니다. 그러나 주께
서 은혜를 주시고 믿게 하시며 의롭게 하셨습니다.
제 남은 삶을 의롭게 하소서. 사람의 의로움이 주께로부터 오
는 것을 믿습니다. 주님의 의로움을 부어주사 저로 의로우신
하나님을 닮아가게 하시고, 상을 받게 하옵소서.

나의 하나님이여 나의 원수에게서 나를 건지시고 시 59:1

묵상

좋으신 아버지,

저를 건져주시고

보호하여주소서.

이 모든 시간으로부터

저를 건져주시고

보호하여주옵소서.

기도

저는 파도처럼 밀려오는 어둠과 괴로움이 무엇인지 알고 있습니다. 아무도 나를 도울 수 없는 것처럼 깊은 고통이 몰려오는 것이 무엇인지 많은 경험을 통해 알게 되었습니다.

파도 한가운데, 고통의 한가운데서 저는 예수님을 배워갑니다. 예수님의 고통과 영광이 무엇인지 알아갑니다. 혼자 있는 것 같은 두려움을 통해 예수님을 배워갑니다. 예수님은 혼자 계셨고, 고통 가운데 계셨습니다. 주여, 저는 주의 보호를 기다립니다.

주 하나님이여 주께서 나의 서원을 들으시고 주의 이름
을 경외하는 자가 얻을 기업을 내게 주셨나이다 시 61:5

묵상

하나님의 이름을 존중하는 사람에게
주시는 보호와 은혜를 생각합니다.
주여, 저를 불쌍히 여기사 은혜를 베푸소서.

기도

어려움이 몰려올 때 어떻게 하나님을 경외해야 하는지 배웁니
다. 어려우면 믿음이 약해지고, 마음이 거칠어지고, 상황의 어
려움에 화가 납니다. 사실은 깊은 절망에 두렵습니다. 두려움
은 내일을 생각하지 못하게 합니다. 그러나 주는 살아계시고,
저를 지켜보십니다. 상황만 있고, 주님은 안 계신 것처럼 살
지 않겠습니다. 상황이 어려울 때 더욱 의지하고 따르겠습니
다. 제게 은혜를 베푸사 고통의 시간에 더욱 주를 경외하게 하
소서. 경외함을 배우는 시간에는 그것이 무슨 의미인지 모르지
만, 어려움이 지나가면 깨닫는 것이 있습니다. 경외하는 자에
게 주시는 기업을 통해 경외함이 무엇인지 알아갑니다.

백성들아 시시로 그를 의지하고 그의 앞에 마음을 토하라 하나님은 우리의 피난처시로다 (셀라) 시 62:8

묵상

하나님께 마음을 깊이 쏟아 기도합니다.

하나님은 제게 쉼을 주시는 안식처이십니다.

날마다 제 마음을 고백합니다.

진실하게 모든 사람과 상황에 대해 기도합니다.

좋으신 하나님,

항상 받아주시고

위로해주셔서 감사합니다.

늘 제가 하나님께 피합니다.

기도

아무도 알 수 없고, 만질 수 없는 제 마음 깊은 곳을 오직 선하신 주께서 만지십니다. 주께 기도할 때 마음이 새로워지고, 제가 살 수 있습니다. 주께서는 저를 살게 하십니다.

하나님이 한두 번 하신 말씀을 내가 들었나니 권능은
하나님께 속하였다 하셨도다 시 62:11

묵상

힘은 하나님께 속한 것입니다.

하나님의 힘은 인자와 긍휼입니다.

좋으신 아버지 하나님,

사람이 힘을 기르는 것이 아니라는 걸

제가 진정으로 깊이 깨달았을까요?

나쁜 힘에 대한 욕구를 내려놓을 수 있을까요?

날마다 하나님께서 주시는 보호와 권능을 깊이 알게 하사

저를 내려놓게 하옵소서.

기도

문제를 해결하고, 잘살며, 남에게 무시당하지 않고, 내 마음대
로 할 수 있는 힘에 대한 욕구가 항상 있습니다. 그러나 성경
을 읽을 때마다 하나님의 권능은 전혀 다른 것임을 알게 됩니
다. 주여, 저는 부족합니다. 저를 겸손하게 하사 주를 닮게 하
소서.

하나님을 두려워하는 너희들아 다 와서 들으라 하나님
이 나의 영혼을 위하여 행하신 일을 내가 선포하리로다

시 66:16

묵상

하나님을 경외하고 경배하는 사람들에게 하나님께서 행하신
일을 말하기 원합니다. 제가 힘쓸 수 없는 것에, 경외함이 없는
사람들에게 하나님께서 행하신 일을 말하지 않게 하소서.
들을 수 있는 사람들에게 말하게 하소서.

기도

하나님을 경외함이 없는 곳의 고통을 잘 알고 있습니다. 경외
함이 없는 것 자체가 큰 고통입니다. 하나님을 경외할 때 사람
들은 하나님을 생각하고 조심스럽게 행동합니다. 하나님을 두
려워함이 없는 곳에는 경외함이 없는 사람의 마음과 행동이 가
득합니다. 하나님을 알고, 그분의 능력을 알기에 경외함으로
살아가는 사람들은 행복합니다. 제 삶의 가장 중요한 부분이
하나님에 대해 알아가며 말하는 것입니다. 하나님을 알아가는
것이 가장 행복하고 가치 있는 일이기 때문입니다.

하나님은 우리에게 은혜를 베푸사 복을 주시고 그의
얼굴 빛을 우리에게 비추사 (셀라) 시 67:1

묵상

하나님은 긍휼과 은혜를 베푸시며 축복해주십니다.

그분의 얼굴을 비춰주십니다.

우리 가운데 거하십니다.

늘 저를 외면하지 않으시고,

모든 은혜와 긍휼을 베풀어주셔서

감사드립니다.

제 평생에 가장 소원하는 것은

아버지의 은총에서 벗어나지 않는 것입니다.

주여, 저를 불쌍히 여기소서.

기도

제 삶은 주의 것입니다. 좋은 날이나 힘든 날이나 제 모든 날
들과 제 생명은 주의 것입니다. 저는 평생 주의 생명을 사모하
며 살겠습니다. 항상 제게 은혜를 베풀어주시고, 얼굴의 빛을
비추어주시는 하나님을 찬양합니다.

시험을 당하거든

초판 1쇄 발행　2018년 6월 11일
초판 2쇄 발행　2018년 6월 22일

지은이　　김길

펴낸이　　여진구
책임편집　김아진
편집　　　안수경, 최현수, 이영주, 김윤향
책임디자인　마영애, 노지현ㅣ조아라
기획·홍보　김영하　　　　　해외저작권　기은혜
마케팅　　김상순, 강성민, 허병용　마케팅지원　최영배, 정나영
제작　　　조영석, 정도봉　　　경영지원　　김혜경, 김경희

이슬비전도학교　최경식　　　　　　　303비전성경암송학교　박정숙
303비전장학회 & 303비전꿈나무장학회　여운하

펴낸곳　　규장

주소　06770 서울시 서초구 매헌로 16길 20(양재2동) 규장선교센터
전화　02)578-0003　팩스 02)578-7332
이메일　kyujang0691@gmail.com　　홈페이지　www.kyujang.com
페이스북　facebook.com/kyujangbook　인스타그램　instagram.com/kyujang_com
카카오스토리　story.kakao.com/kyujangbook
등록일　1978.8.14. 제1-22

책값　뒤표지에 있습니다.
ISBN 978-89-6097-542-2 03230

규ㅣ장ㅣ수ㅣ칙

1. 기도로 기획하고 기도로 제작한다.
2. 오직 그리스도의 성품을 사모하는 독자가 원하고 필요로 하는 책만을 출판한다.
3. 한 활자 한 문장에 온 정성을 쏟는다.
4. 성실과 정확을 생명으로 삼고 일한다.
5. 긍정적이며 적극적인 신앙과 신행일치에의 안내자의 사명을 다한다.
6. 충고와 조언을 항상 감사로 경청한다.
7. 지상목표는 문서선교에 있다.

하나님을 사랑하는 자 곧 그의 뜻대로 부르심을 입은 자들에게는 모든 것이 合力하여 善을 이루느니라(롬 8:28)

Member of the Evangelical Christian Publishers Association

규장은 문서를 통해 복음전파와 신앙교육에 주력하는 국제적 출판사들의 협의체인 복음주의출판협회(E,C,P,A:Evangelical Christian Publishers Association)의 출판정신에 동참하는 회원(Associate Member)입니다.